AF308006

Das Hamburgische Personalvertretungsgesetz (HmbPersVG)

vom 8. Juli 2014

4. Auflage (Stand: April 2025)

zusammengestellt von

Silvia Nitsche-Martens

Hamburgisches Personalvertretungsgesetz

(HmbPersVG) [1]

Vom 8. Juli 2014

<u>**Inhaltsübersicht**</u> [2]   §

Abschnitt I

Allgemeine Vorschriften

§ 1
Geltungsbereich

(1) [1] Personalvertretungen werden in den Verwaltungen und Gerichten der Freien und Hansestadt Hamburg sowie in den Verwaltungen der ihrer Aufsicht unterstehenden juristischen Personen des öffentlichen Rechts gewählt. [2] Zu den Verwaltungen im Sinne dieses Gesetzes gehören auch die Betriebsverwaltungen.

(2) Personalvertretungen im Sinne dieses Gesetzes sind

1. Personalräte und Gesamtpersonalräte,

2. Jugend- und Auszubildendenvertretungen.

§ 2
Zusammenarbeit

(1) Personalvertretung und Dienststelle arbeiten im Rahmen der Rechtsvorschriften vertrauensvoll und partnerschaftlich sowie im Zusammenwirken mit den in der Dienststelle vertretenen Gewerkschaften und Vereinigungen der Arbeitgeber zum Wohl der Angehörigen des öffentlichen Dienstes und zur Erfüllung der dienstlichen Aufgaben zusammen.

(2) [1] Die Aufgaben der Gewerkschaften und der Vereinigungen der Arbeitgeber, insbesondere die Wahrnehmung der Interessen ihrer Mitglieder, werden durch dieses Gesetz nicht berührt. [2] Auf Verlangen einer Gewerkschaft oder einer Vereinigung der Arbeitgeber hat die Dienststelle in ihr Intranet einen Verweis auf den Internetauftritt der Gewerkschaft oder der Arbeitgebervereinigung aufzunehmen. [3]

§ 3
Verbot abweichender Regelungen

Durch Tarifvertrag oder Dienstvereinbarung kann das Personalvertretungsrecht nicht abweichend von diesem Gesetz geregelt werden.

§ 4

Angehörige des öffentlichen Dienstes

(1) [1] Angehörige des öffentlichen Dienstes im Sinne dieses Gesetzes sind die Beamtinnen, Beamten, Arbeitnehmerinnen und Arbeitnehmer einschließlich der zu ihrer Berufsausbildung Beschäftigten. [2] Berufsrichterinnen und Berufsrichter gelten als Angehörige des öffentlichen Dienstes im Sinne dieses Gesetzes, wenn sie

1. zu einer Verwaltung abgeordnet sind, nach einer Abordnungsdauer von drei Monaten, es sei denn, dass die Rückkehr zu einem Gericht innerhalb von weiteren sechs Monaten feststeht,

2. als Richterin oder Richter auf Probe bei einer Verwaltung beschäftigt werden.

(2) [1] Wer Beamtin oder Beamter ist, bestimmen die Beamtengesetze. [2] Den Beamtinnen und Beamten stehen gleich

1. die in Absatz 1 Satz 2 genannten Berufsrichterinnen und Berufsrichter,

2. die Angehörigen des öffentlichen Dienstes, die sich in einem öffentlich-rechtlichen Ausbildungsverhältnis für einen Beamtenberuf befinden.

(3) [1] Arbeitnehmerinnen und Arbeitnehmer sind Angehörige des öffentlichen Dienstes, die nach ihrem Arbeitsvertrag als Arbeitnehmerin und Arbeitnehmer beschäftigt werden. [2] Als Arbeitnehmerin und Arbeitnehmer gelten Angehörige des öffentlichen Dienstes, die sich in einer Berufsausbildung befinden.

(4) Als Angehörige des öffentlichen Dienstes gelten nicht Personen,

1. die ein mit einer Schul- oder Hochschulausbildung zusammenhängendes Praktikum ableisten,

2. die als Unterrichtstutorinnen und Unterrichtstutoren oder studentische Hilfskräfte beschäftigt werden,

3. deren Beschäftigung überwiegend durch Beweggründe karitativer oder religiöser Art bestimmt ist,

4. die überwiegend zu ihrer Heilung, Wiedereingewöhnung, sittlichen Besserung oder Erziehung beschäftigt werden,

5. die ehrenamtlich tätig sind,

6.   die Bundesfreiwilligendienst nach dem Bundesfreiwilligendienstgesetz vom 28. April 2011 (BGBl. I S. 687) in der jeweils geltenden Fassung leisten.

§ 5
Gruppen

Die Beamtinnen und Beamten sowie die Arbeitnehmerinnen und Arbeitnehmer bilden je eine Gruppe.

§ 6
Dienststellen

(1) Dienststellen im Sinne dieses Gesetzes sind

1.   jede Verwaltungseinheit mit eigener Personalverwaltung,

2.   die Bürgerschaft,

3.   das Amtsgericht Hamburg mit den Amtsgerichten Hamburg-Altona, Hamburg-Bergedorf, Hamburg-Blankenese, Hamburg-Harburg, Hamburg-Wandsbek, Hamburg-Barmbek und Hamburg-St. Georg,

4.   das Landgericht,

5.   das Hanseatische Oberlandesgericht,

6.   das Hamburgische Oberverwaltungsgericht,

7.   das Verwaltungsgericht,

8.   das Finanzgericht,

9.   das Landesarbeitsgericht mit dem Arbeitsgericht,

10.   das Landessozialgericht mit dem Sozialgericht,

11.   die Staatsanwaltschaft bei dem Hanseatischen Oberlandesgericht mit der Staatsanwaltschaft bei dem Landgericht,

12.   jede staatliche Schule,

13.   das Landesinstitut für Lehrerbildung und Schulentwicklung,

14. jede der Aufsicht der Freien und Hansestadt Hamburg unterstehende juristische Person des öffentlichen Rechts,

15. die oder der Hamburgische Beauftragte für Datenschutz und Informationsfreiheit. [4]

(2) [1] Verwaltungseinheiten haben eine eigene Personalverwaltung im Sinne des Absatzes 1 Nummer 1, wenn sie Maßnahmen in personellen, sozialen, organisatorischen und sonstigen innerdienstlichen Angelegenheiten eigenverantwortlich treffen. [2] Verwaltungseinheiten ohne eigene Personalverwaltung bilden mit der sie betreuenden Verwaltungseinheit eine gemeinsame Dienststelle.

(3) Bei gemeinsamen Dienststellen der Freien und Hansestadt Hamburg und des Bundes gelten nur die im Landesdienst beschäftigten Angehörigen des öffentlichen Dienstes als zur Dienststelle gehörig.

§ 7

Zuständigkeit der Personalvertretung

(1) Die Personalvertretung ist für Angelegenheiten der Dienststelle zuständig, bei der sie besteht.

(2) [1] Ist oder wird eine andere Verwaltungseinheit für eine Angelegenheit zuständig, tritt sie an die Stelle der Dienststelle. [2] Die Zuständigkeit der Personalvertretung wird hierdurch nicht berührt.

§ 8

Leiterin oder Leiter der Dienststelle

Für die Dienststelle handelt ihre Leiterin oder ihr Leiter; sie oder er kann sich durch eine entscheidungsberechtigte Beamtin oder Arbeitnehmerin oder einen entscheidungsberechtigten Beamten oder Arbeitnehmer vertreten lassen.

$ 9

Schweigepflicht

(1) [1] Personen, die Aufgaben oder Befugnisse nach diesem Gesetz wahrnehmen oder wahrgenommen haben, haben über die ihnen dabei bekannt gewordenen Angelegenheiten und Tatsachen Stillschweigen zu bewahren. [2] Dies gilt nicht für Angelegenheiten und Tatsachen, die offenkundig sind oder ihrer Bedeutung nach keiner Geheimhaltung bedürfen.

(2) [1] Die Schweigepflicht besteht nicht für

1. die Mitglieder der Personalvertretung untereinander,

2. die Mitglieder des Personalrats gegenüber der übergeordneten Verwaltungseinheit und dem bei ihr bestehenden Gesamtpersonalrat,

3. die Schwerbehindertenvertretungen gegenüber ihren Personalvertretungen,

4. die Mitglieder der Jugend- und Auszubildendenvertretung jeweils gegenüber ihrem Personalrat.

[2] Sie besteht ferner nicht in Verfahren vor der Schlichtungsstelle und der Einigungsstelle.

(3) Absatz 2 gilt nicht in den Fällen des § 78 Absatz 4 Satz 1, des § 96 Absatz 2 Satz 3 und des § 98.

$ 10

Verbot der Behinderung, Benachteiligung und Begünstigung

Personen, die Aufgaben oder Befugnisse nach diesem Gesetz wahrnehmen, dürfen darin nicht behindert und wegen ihrer Tätigkeit nicht benachteiligt oder begünstigt werden; dies gilt auch für ihre berufliche Entwicklung.

Abschnitt II

Personalrat

1. Wahl und Zusammensetzung

§ 11

Dienststellen mit Personalräten

(1) Personalräte werden in allen Dienststellen mit in der Regel fünf Wahlberechtigten gewählt, von denen drei wählbar sind.

(2) Dienststellen, bei denen die Voraussetzungen des Absatzes 1 nicht erfüllt sind, werden benachbarten Dienststellen zugeordnet.

(3) Je ein besonderer Personalrat wird gewählt

1. beim Personalamt für die dort beschäftigten Beamtinnen, Beamten, Arbeitnehmerinnen und Arbeitnehmer im Vorbereitungsdienst und andere Angehörige des öffentlichen Dienstes in einem öffentlich-rechtlichen Ausbildungsverhältnis für die Laufbahngruppe 1 und die Laufbahngruppe 2 mit den Ämtern ab dem ersten Einstiegsamt sowie für Auszubildende zur Verwaltungsfachangestellten oder zum Verwaltungsfachangestellten, [5]

2. bei der Finanzbehörde für Beamtinnen, Beamte, Arbeitnehmerinnen und Arbeitnehmer im Vorbereitungsdienst und andere Angehörige des öffentlichen Dienstes in einem öffentlich-rechtlichen Ausbildungsverhältnis für die Laufbahn Steuer der Laufbahngruppe 1 und der Laufbahngruppe 2 mit den Ämtern ab dem ersten Einstiegsamt, [6]

3. beim Hanseatischen Oberlandesgericht für Referendarinnen und Referendare in der juristischen Ausbildung,

4. beim Landesinstitut für Lehrerbildung und Schulentwicklung für Angehörige des öffentlichen Dienstes, die sich in der Ausbildung für einen pädagogischen Beruf befinden.

(4) Bei der Universität und beim Universitätsklinikum Hamburg-Eppendorf wird je ein Personalrat gewählt für

1. wissenschaftliches Personal,

2. die nicht unter Nummer 1 fallenden Angehörigen des öffentlichen Dienstes.

(5) Bei der Justizbehörde [7] wird je ein Personalrat gewählt für

1. das Personal der Justizvollzugsanstalten,

2. die nicht unter Nummer 1 fallenden Angehörigen des öffentlichen Dienstes.

§ 12

Aktives Wahlrecht

(1) [1] Wahlberechtigt sind die Angehörigen des öffentlichen Dienstes, die am Wahltag das 16. Lebensjahr vollendet haben. [2] Die Altersbeschränkung entfällt für die in § 11 Absatz 3 genannten Angehörigen des öffentlichen Dienstes.

(2) Wahlberechtigt sind nicht Angehörige des öffentlichen Dienstes, die länger als zwölf Monate beurlaubt sind oder deren Beurlaubung noch länger als zwölf Monate andauert. [8]

(3) Wahlberechtigt sind ferner nicht Angehörige des öffentlichen Dienstes,

1. die infolge Richterspruchs das Recht, in öffentlichen Angelegenheiten zu wählen oder zu stimmen, nicht besitzen,

2. für die zur Besorgung aller ihrer Angelegenheiten eine Betreuerin oder ein Betreuer nicht nur durch einstweilige Anordnung bestellt ist; dies gilt auch, wenn der Aufgabenkreis der Betreuerin oder des Betreuers die in § 1815 Absatz 2 Nummern 5 und 6 sowie § 1830 des Bürgerlichen Gesetzbuchs bezeichneten Angelegenheiten nicht erfasst, [9]

3. die sich auf Grund einer Anordnung nach § 63 in Verbindung mit § 20 des Strafgesetzbuchs in einem psychiatrischen Krankenhaus befinden.

(4) [1] Wer zu einer Dienststelle im Geltungsbereich dieses Gesetzes abgeordnet ist, wird in ihr nach drei Monaten wahlberechtigt und verliert gleichzeitig das Wahlrecht in der bisherigen Dienststelle, es sei denn, dass die Rückkehr zur bisherigen Dienststelle innerhalb von weiteren sechs Monaten feststeht. [2] Entsprechendes gilt für Zuweisungen.

(5) Angehörige des öffentlichen Dienstes, die bei mehreren Dienststellen beschäftigt werden, sind nur in der Dienststelle wahlberechtigt, bei der sie ihre Hauptbeschäftigung ausüben.

(6) Die Regierungsrätinnen und Regierungsräte der Laufbahn Allgemeine Dienste im Beamtenverhältnis auf Probe, die sich in einer Einführungszeit während der Probezeit befinden, sind nur bei dem Personalamt, die in § 11 Absatz 3 genannten Angehörigen des öffentlichen Dienstes nur für die dort bezeichneten Personalräte wahlberechtigt.

(7) Erwirbt eine Angehörige oder ein Angehöriger des öffentlichen Dienstes das Wahlrecht in einer anderen Dienststelle, auf die dieses Gesetz keine Anwendung findet, so verliert sie oder er gleichzeitig das Wahlrecht in der bisherigen Dienststelle.

§ 13
Passives Wahlrecht

(1) Wählbar sind die Wahlberechtigten, die am Wahltag seit

1.   drei Monaten der Dienststelle angehören,

2.   einem Jahr bei öffentlichen Verwaltungen oder Gerichten oder von diesen geführten Betrieben beschäftigt werden,

soweit in § 14 nichts anderes bestimmt ist.

(2) Wählbar sind nicht Angehörige des öffentlichen Dienstes, die

1.   infolge Richterspruchs die Fähigkeit, öffentliche Ämter zu bekleiden und Rechte aus öffentlichen Wahlen zu erlangen, nicht besitzen,

2.   zum Personenkreis des § 89 Absatz 1 gehören.

§ 14
Erweitertes passives Wahlrecht

(1) Die Voraussetzung des § 13 Absatz 1 Nummer 1 entfällt, wenn die Dienststelle weniger als ein Jahr besteht.

(2) Die Voraussetzung des § 13 Absatz 1 Nummer 2 entfällt, wenn nicht fünfmal so viel wählbare Angehörige des öffentlichen Dienstes jeder Gruppe vorhanden wären, als nach § 15 und § 16 zu wählen sind.

(3) Die Voraussetzungen des § 13 Absatz 1 Nummern 1 und 2 entfallen für die in § 11 Absatz 3 genannten Angehörigen des öffentlichen Dienstes.

§ 15

Mitgliederzahl

Der Personalrat besteht in Dienststellen mit in der Regel

bis zu Angehörigen des öffentlichen Dienstes	aus Mitgliedern
20	1
50	3
150	5
300	7
600	9
1000	11
2000	13
3000	15
4000	17
5000	19
7000	21
9000	23
9001 und mehr	25.

§ 16

Gruppenvertretung

(1) [1] Besteht der Personalrat aus mehr als einem Mitglied und werden bei der Dienststelle Angehörige des öffentlichen Dienstes beider Gruppen beschäftigt, müssen die Gruppen entsprechend ihrem zahlenmäßigen Verhältnis im Personalrat vertreten sein. [2] Bei gleicher Größe der Gruppen

entscheidet das Los. [3] Macht eine Gruppe von ihrem Recht, im Personalrat vertreten zu sein, keinen Gebrauch, verliert sie ihren Anspruch auf Vertretung.

(2) Der Wahlvorstand errechnet die Verteilung der Sitze auf die Gruppen nach den Grundsätzen der Verhältniswahl.

(3) Eine Gruppe erhält mindestens bei

bis zu Angehörigen der Gruppe		Vertreterinnen oder Vertreter
50	....	1
200	....	2
600	....	3
1000	....	4
3000	....	5
3001	und mehr	6.

(4) Eine Gruppe mit nicht mehr als fünf Angehörigen erhält nur eine Vertreterin oder einen Vertreter, wenn sie ein Zwanzigstel der Angehörigen des öffentlichen Dienstes der Dienststelle umfasst.

§ 17

Abweichende Sitzverteilung

(1) [1] Die Verteilung der Sitze auf die Gruppen kann abweichend von § 16 geregelt werden, wenn jede Gruppe dies vor der Wahl in getrennter geheimer Abstimmung beschließt. [2] Der Beschluss bedarf der Mehrheit der Stimmen der Angehörigen jeder Gruppe.

(2) [1] Für jede Gruppe können auch Angehörige der anderen Gruppe vorgeschlagen werden. [2] Die Gewählten gelten für die Vertretung als Angehörige der Gruppe, für die sie vorgeschlagen worden sind.

§ 18

Zusammensetzung

(1) [1] Der Personalrat soll sich aus Vertreterinnen und Vertretern der verschiedenen Beschäftigungsarten zusammensetzen. [2] Jede größere Beschäftigungsstelle soll in ihm vertreten sein.

(2) Im Personalrat der Dienststelle Polizei sollen Polizeivollzugsbeamtinnen und Polizeivollzugsbeamte der Schutzpolizei, der Kriminalpolizei sowie der Wasserschutzpolizei und Verwaltungsangehörige vertreten sein.

(3) In den Personalräten der staatlichen Schulen sollen Angehörige des pädagogischen und des nichtpädagogischen Personals vertreten sein.

(4) Frauen und Männer sollen ihrem zahlenmäßigen Anteil in der Dienststelle entsprechend vertreten sein.

§ 19

Wahlzeiten [10]

(1) Die Personalratswahlen finden alle vier Jahre und in den Fällen des § 11 Absatz 3 alle zwei Jahre jeweils in der Zeit vom 1. März bis zum 31. Mai statt.

(2) Außerhalb des regelmäßigen Wahlzeitraums ist der Personalrat zu wählen, wenn

1. mit Ablauf der Hälfte der Amtszeit die Zahl der regelmäßig beschäftigten Angehörigen des öffentlichen Dienstes um die Hälfte, mindestens aber um 50 gestiegen oder gesunken ist,

2. die Gesamtzahl der Mitglieder des Personalrats nach Eintreten sämtlicher Ersatzmitglieder um mehr als ein Viertel, bei Personalräten mit bis zu fünf Mitgliedern um mehr als die Hälfte der vorgeschriebenen Zahl gesunken ist,

3. der Personalrat mit der Mehrheit seiner Mitglieder seinen Rücktritt beschlossen hat,

4. die Wahl mit Erfolg angefochten worden ist,

5. der Personalrat durch gerichtliche Entscheidung aufgelöst ist,

6.   in der Dienststelle, bei der die Voraussetzungen des § 11 Absatz 1 erfüllt sind, ein Personalrat nicht besteht.

(3) [1] Hat eine Wahl außerhalb des regelmäßigen Wahlzeitraums stattgefunden, ist der Personalrat im nächsten regelmäßigen Wahlzeitraum neu zu wählen. [2] Ist der Personalrat zu Beginn des nächsten regelmäßigen Wahlzeitraums noch nicht ein Jahr im Amt, findet die Neuwahl im übernächsten regelmäßigen Wahlzeitraum statt.

(4) Die Vertretung einer Gruppe ist für die restliche Amtszeit des Personalrats neu zu wählen, wenn sie nach Eintreten sämtlicher Ersatzmitglieder keine Mitglieder mehr hat, die Voraussetzung des Absatzes 2 Nummer 2 aber nicht erfüllt ist.

§ 20

Wahlgrundsätze und Wahlvorschläge

(1) Der Personalrat wird in geheimer und unmittelbarer Wahl gewählt.

(2) [1] Besteht der Personalrat aus mehr als einem Mitglied, wählen die Gruppen ihre Vertreterinnen und Vertreter in getrennten Wahlgängen, es sei denn, dass die Wahlberechtigten jeder Gruppe vor der Wahl in getrennter geheimer Abstimmung gemeinsame Wahl beschließen. [2] Der Beschluss bedarf der Mehrheit der Stimmen der Wahlberechtigten jeder Gruppe.

(3) Die Wahl wird nach den Grundsätzen der Verhältniswahl durchgeführt; wird nur ein Wahlvorschlag eingereicht, findet sie nach den Grundsätzen der Mehrheitswahl statt.

(4) Besteht der Personalrat oder die Vertretung einer Gruppe aus nur einem Mitglied, wird die Wahl nach den Grundsätzen der Mehrheitswahl durchgeführt.

(5) [1] Zur Wahl des Personalrats können die Wahlberechtigten und jede in der Dienststelle vertretene Gewerkschaft Wahlvorschläge machen. [2] Jeder nicht von einer Gewerkschaft eingereichte Wahlvorschlag muss von einem Zwanzigstel der Wahlberechtigten der Gruppe, mindestens aber von drei Wahlberechtigten unterzeichnet sein; in jedem Fall genügt die Unterzeichnung durch 50 Wahlberechtigte der Gruppe.

(6) Ist gemeinsame Wahl beschlossen worden, muss jeder nicht von einer Gewerkschaft eingereichte Wahlvorschlag von einem Zwanzigstel der Wahlberechtigten, mindestens aber von drei Wahlberechtigten unterzeichnet sein; in jedem Fall genügt die Unterzeichnung durch 50 Wahlberechtigte.

(7) Werden bei gemeinsamer Wahl für eine Gruppe Angehörige der anderen Gruppe vorgeschlagen, muss jeder nicht von einer Gewerkschaft eingereichte Wahlvorschlag von einem Zehntel der Wahlberechtigten der Gruppe unterzeichnet sein, für die sie vorgeschlagen werden; in jedem Fall genügt die Unterzeichnung durch 100 Wahlberechtigte der Gruppe.

(8) Jede und jeder Angehörige des öffentlichen Dienstes kann nur einen Wahlvorschlag unterzeichnen und nur auf einem Wahlvorschlag benannt werden.

<h3 style="text-align:center">§ 21</h3>

Bildung des Wahlvorstands, wenn ein Personalrat besteht

(1) [1] Spätestens acht Wochen vor dem Ablauf seiner Amtszeit bestellt der Personalrat drei Wahlberechtigte zum Wahlvorstand und bestimmt darunter die Vorsitzende oder den Vorsitzenden. [2] Werden bei der Dienststelle Angehörige beider Gruppen beschäftigt, muss jede Gruppe im Wahlvorstand vertreten sein. [3] Dem Wahlvorstand sollen Frauen und Männer angehören. [4] Für jedes Mitglied des Wahlvorstands soll mindestens ein Ersatzmitglied bestellt werden.

(2) [1] Besteht sechs Wochen vor dem Ablauf der Amtszeit des Personalrats kein Wahlvorstand, beruft die Dienststelle auf Antrag einer oder eines Wahlberechtigten oder einer in der Dienststelle vertretenen Gewerkschaft eine Personalversammlung zur Wahl eines Wahlvorstands ein. [2] Die Personalversammlung wählt eine Versammlungsleiterin oder einen Versammlungsleiter und sodann den Wahlvorstand. [3] Für die Zusammensetzung des Wahlvorstands gilt Absatz 1 entsprechend.

<h3 style="text-align:center">§ 22</h3>

Wahl des Wahlvorstands, wenn kein Personalrat besteht

[1] In den Fällen des § 19 Absatz 2 Nummern 4 bis 6 beruft die Dienststelle auf Antrag einer oder eines Wahlberechtigten oder einer in der Dienststelle

vertretenen Gewerkschaft eine Personalversammlung zur Wahl eines Wahlvorstands ein. [2] Die Personalversammlung wählt eine Versammlungsleiterin oder einen Versammlungsleiter und sodann den Wahlvorstand. [3] Für die Zusammensetzung des Wahlvorstands gilt § 21 Absatz 1 entsprechend.

§ 23

Bestellung des Wahlvorstands durch die Dienststelle

[1] Findet eine Personalversammlung nach § 21 Absatz 2 oder § 22 nicht statt oder wählt die Personalversammlung keinen Wahlvorstand, bestellt ihn die Dienststelle auf Antrag einer oder eines Wahlberechtigten oder einer in der Dienststelle vertretenen Gewerkschaft. [2] Für die Zusammensetzung des Wahlvorstands gilt § 21 Absatz 1 entsprechend.

§ 24

Aufgaben des Wahlvorstands

(1) Der Wahlvorstand hat die Wahl unverzüglich einzuleiten und durchzuführen; sie soll innerhalb von sechs Wochen stattfinden, soweit sich aus § 19 Absatz 1 nichts anderes ergibt.

(2) Je eine Beauftragte oder ein Beauftragter der in der Dienststelle vertretenen Gewerkschaften kann an den Sitzungen des Wahlvorstands beratend teilnehmen.

(3) [1] Sogleich nach der Wahl zählt der Wahlvorstand öffentlich die Stimmen aus, stellt das Ergebnis in einer Niederschrift fest und gibt es in der Dienststelle bekannt. [2] Der Dienststelle und jeder in der Dienststelle vertretenen Gewerkschaft ist eine Abschrift der Wahlniederschrift zu übersenden.

(4) [1] Kommt der Wahlvorstand seinen Verpflichtungen nach Absatz 1 oder Absatz 3 Satz 1 nicht nach, beruft die Dienststelle auf Antrag einer oder eines Wahlberechtigten oder einer in der Dienststelle vertretenen Gewerkschaft eine Personalversammlung zur Wahl eines neuen Wahlvorstands ein. [2] Die Personalversammlung wählt eine Versammlungsleiterin oder einen Versammlungsleiter und sodann den Wahlvorstand. [3] Für die Zusammensetzung des Wahlvorstands gilt § 21 Absatz 1, für das weitere Verfahren § 23 entsprechend.

§ 25

Schutz der Wahl

(1) Niemand darf die Wahl des Personalrats behindern oder in einer gegen die guten Sitten verstoßenden Weise beeinflussen, insbesondere darf keine Angehörige oder kein Angehöriger des öffentlichen Dienstes in der Ausübung des Wahlrechts beschränkt werden.

(2) Die Mitglieder des Wahlvorstands und die Wahlbewerberinnen und Wahlbewerber dürfen gegen ihren Willen nur versetzt, abgeordnet oder zu einer anderen Dienststelle oder innerhalb der Dienststelle unter Wechsel des Dienstorts einschließlich seines Einzugsgebiets umgesetzt werden, wenn dies auch unter Berücksichtigung der Mitgliedschaft im Wahlvorstand oder der Wahlbewerbung aus wichtigen dienstlichen Gründen unvermeidbar ist.

§ 26

Wahlkosten

(1) Die Kosten der Wahl trägt die Dienststelle.

(2) Notwendige Versäumnis von Arbeitszeit zur Ausübung des Wahlrechts oder Betätigung im Wahlvorstand hat keine Minderung der Bezüge oder des Arbeitsentgelts zur Folge.

(3) Werden Mitglieder des Wahlvorstands durch die Wahrnehmung ihrer Aufgaben über die regelmäßige Arbeitszeit hinaus beansprucht, gilt die Mehrbeanspruchung als Leistung von Mehrarbeit oder Überstunden.

(4) Die Mitglieder des Wahlvorstands erhalten bei Reisen, die zur Wahrnehmung ihrer Aufgaben notwendig sind, Reisekostenvergütung nach dem Hamburgischen Reisekostengesetz.

§ 27

Wahlanfechtung

(1) Die Wahl kann beim Verwaltungsgericht angefochten werden, wenn gegen wesentliche Vorschriften über das Wahlrecht oder das Wahlverfahren verstoßen worden und eine Berichtigung nicht erfolgt ist, es sei denn, dass das Wahlergebnis durch den Verstoß nicht geändert oder beeinflusst werden konnte.

(2) [1] Zur Anfechtung berechtigt sind drei Wahlberechtigte, jede in der Dienststelle vertretene Gewerkschaft und die Dienststelle. [2] Die Anfechtung ist innerhalb von zwei Wochen nach dem Tag der Bekanntgabe des Wahlergebnisses zulässig.

(3) Entscheidungen und Maßnahmen des Wahlvorstands können beim Verwaltungsgericht nur zusammen mit der Wahl angefochten werden.

(4) Bis zur rechtskräftigen Entscheidung über die Anfechtung führt der neu gewählte Personalrat die Geschäfte, wenn das Verwaltungsgericht nicht auf Antrag eine abweichende einstweilige Regelung trifft.

(5) Ist die Wahl mit Erfolg angefochten worden und besteht der frühere Personalrat nicht mehr, nimmt bis zur Neuwahl der Wahlvorstand nach § 22 oder § 23 die Aufgaben und Befugnisse des Personalrats wahr.

2. Amtszeit

§ 28
Dauer

(1) Die regelmäßige Amtszeit des Personalrats beträgt vier Jahre und in den Fällen des § 11 Absatz 3 zwei Jahre.

(2) Die Amtszeit beginnt mit der Bekanntgabe des Wahlergebnisses oder, wenn zu diesem Zeitpunkt noch ein Personalrat besteht, mit dem Ablauf seiner Amtszeit.

(3) [1] Die Amtszeit endet spätestens am 31. Mai des Jahres, in dem nach § 19 Absatz 1 die regelmäßigen Wahlen oder nach § 19 Absatz 3 die Neuwahlen stattfinden. [2] In den Fällen des § 19 Absatz 2 Nummern 1 und 2 endet die Amtszeit mit der Bekanntgabe des Ergebnisses der Neuwahlen.

(4) Im Fall des § 19 Absatz 2 Nummer 3 führt der zurückgetretene Personalrat die Geschäfte weiter, bis der neue Personalrat gewählt und das Wahlergebnis bekanntgegeben ist.

(5) [1] Wird eine Dienststelle geteilt oder aufgelöst, so bleibt deren Personalrat als Übergangspersonalrat im Amt und führt die Geschäfte für die ihm bisher zugeordneten Dienststellenteile weiter, soweit diese die Voraussetzungen des § 11 Absatz 1 erfüllen und nicht in eine Dienststelle eingegliedert werden, in der ein Personalrat besteht. [2] Der Übergangspersonalrat hat

unverzüglich einen Wahlvorstand für die Wahl des neuen Personalrats zu bestellen; die §§ 21 und 23 gelten entsprechend. [3] Das Übergangsmandat endet, sobald ein neuer Personalrat zu seiner ersten Sitzung zusammengetreten ist, spätestens jedoch nach sechs Monaten.

(6) [1] Wird durch Zusammenlegung von Dienststellen oder von Dienststellenteilen eine neue Dienststelle gebildet, die die Voraussetzungen des § 11 Absatz 1 erfüllt, nimmt bis zur Neuwahl der Wahlvorstand nach § 22 oder § 23 die Aufgaben und Befugnisse des Personalrats wahr. [2] Absatz 5 Satz 3 gilt entsprechend.

§ 29

Ausschluss und Auflösung

(1) [1] Ein Viertel der Wahlberechtigten, jede in der Dienststelle vertretene Gewerkschaft und die Dienststelle können beim Verwaltungsgericht den Ausschluss eines Mitglieds aus dem Personalrat oder die Auflösung des Personalrats wegen grober Vernachlässigung der Aufgaben oder Befugnisse oder grober Verletzung der Pflichten nach diesem Gesetz beantragen. [2] Der Ausschluss eines Mitglieds kann auch vom Personalrat beantragt werden.

(2) Ist der Personalrat aufgelöst, nimmt bis zur Neuwahl der Wahlvorstand nach § 22 oder § 23 die Aufgaben und Befugnisse des Personalrats wahr.

§ 30

Erlöschen der Mitgliedschaft

(1) Die Mitgliedschaft im Personalrat erlischt durch

1. Ablauf der Amtszeit,

2. Niederlegung des Amtes,

3. Beendigung des Dienstverhältnisses,

4. Ausscheiden aus der Dienststelle,

5. Verlust des passiven Wahlrechts,

6. Ausschluss aus dem Personalrat oder Auflösung des Personalrats durch gerichtliche Entscheidung,

7.   gerichtliche Feststellung, dass die oder der Gewählte nicht wählbar war, wenn der Mangel noch vorliegt; die Feststellung kann auch nach dem Ablauf der Frist für die Wahlanfechtung beantragt werden.

(2) Die Mitgliedschaft im Personalrat wird durch einen Wechsel der Gruppenzugehörigkeit nicht berührt; das Mitglied gilt für die Vertretung weiter als Angehörige oder Angehöriger der Gruppe, für die es vorgeschlagen worden und gewählt ist.

§ 31

Ruhen der Mitgliedschaft

Die Mitgliedschaft einer Beamtin oder eines Beamten im Personalrat ruht, solange ihr oder ihm die Führung der Dienstgeschäfte verboten oder sie oder er vorläufig des Dienstes enthoben ist.

§ 32

Ersatzmitglieder

(1) [1] Scheidet ein Mitglied des Personalrats aus, tritt ein Ersatzmitglied ein. [2] Dies gilt auch, wenn ein Mitglied des Personalrats zeitweilig verhindert ist; das Mitglied soll die Verhinderung unverzüglich unter Angabe der Gründe der oder dem Vorsitzenden des Personalrats mitteilen.

(2) [1] Die Ersatzmitglieder werden der Reihe nach aus den nicht gewählten Wahlbewerberinnen und Wahlbewerbern der Vorschlagslisten entnommen, denen die zu ersetzenden Mitglieder angehören. [2] Ein Rückgriff auf andere Vorschlagslisten ist auch dann nicht zulässig, wenn der Vorschlagsliste, der die zu ersetzenden Mitglieder angehören, keine weiteren Mitglieder mehr entnommen werden können. [3] Sind die zu ersetzenden Mitglieder nach den Grundsätzen der Mehrheitswahl gewählt worden, bestimmt sich die Reihenfolge der Ersatzmitglieder unter Berücksichtigung des § 16 und des § 17 nach der Höhe der erreichten Stimmenzahlen.

3. Geschäftsführung

§ 33
Vorstand und Vorsitz

(1) Besteht der Personalrat aus mehr als einem Mitglied, bildet er aus seiner Mitte den Vorstand.

(2) [1] Die Anzahl der Vorstandsmitglieder bestimmt der Personalrat nach den Erfordernissen der Geschäftsführung. [2] Dem Vorstand muss mindestens eine Vertreterin oder ein Vertreter jeder im Personalrat vertretenen Gruppe angehören. [3] Frauen und Männer sollen entsprechend ihrem Anteil an den gewählten Personalratsmitgliedern berücksichtigt werden. [4] Die Vorstandsmitglieder werden mit einfacher Stimmenmehrheit gewählt. [5] Bei Stimmengleichheit entscheidet das Los.

(3) [1] Die Gruppenvertretungen können zusätzlich Mitglieder in den Vorstand zur Wahrnehmung von Aufgaben in Gruppenangelegenheiten wählen. [2] Absatz 2 Sätze 4 und 5 gilt entsprechend.

(4) [1] Der Personalrat beschließt, welches Vorstandsmitglied den Vorsitz übernimmt. [2] Er bestimmt sodann die Vertretung der oder des Vorsitzenden durch eine Stellvertreterin oder einen Stellvertreter. [3] Sind im Personalrat beide Gruppen vertreten, müssen die oder der Vorsitzende und die Stellvertreterin oder der Stellvertreter verschiedenen Gruppen angehören.

§ 34
Laufende Geschäfte

(1) [1] Der Vorstand führt die laufenden Geschäfte des Personalrats. [2] Er kann die Befugnis durch einstimmigen Beschluss auf die Vorsitzende oder den Vorsitzenden übertragen.

(2) Die oder der Vorsitzende vertritt den Personalrat im Rahmen der von ihm gefassten Beschlüsse. In Angelegenheiten, die nur eine im Personalrat vertretene Gruppe betreffen, der die oder der Vorsitzende nicht angehört, vertritt sie oder er den Personalrat gemeinsam mit einer Vertreterin oder einem Vertreter dieser Gruppe.

(3) Die oder der Vorsitzende ist zur Entgegennahme von Erklärungen berechtigt, die dem Personalrat gegenüber abzugeben sind.

§ 35
Einberufung der Sitzungen

(1) [1] Innerhalb einer Woche nach dem Wahltag hat der Wahlvorstand die Mitglieder des Personalrats zur Bildung des Vorstands einzuberufen. [2] Die oder der Vorsitzende des Wahlvorstands leitet die Sitzung, bis der Personalrat aus seiner Mitte eine Verhandlungsleiterin oder einen Verhandlungsleiter bestellt hat.

(2) [1] Die weiteren Sitzungen beruft die oder der Vorsitzende des Personalrats ein. [2] Sie oder er setzt die Tagesordnung fest und leitet die Verhandlung.

(3) Die oder der Vorsitzende hat eine Sitzung einzuberufen und den Gegenstand, dessen Beratung beantragt ist, auf die Tagesordnung zu setzen, wenn

1.   die Dienststelle,

2.   ein Viertel der Mitglieder des Personalrats,

3.   die Mehrheit der Vertreter einer Gruppe,

4.   in Angelegenheiten der schwerbehinderten Menschen die Schwerbehindertenvertretung

es beantragt.

§ 36
Teilnahme an den Sitzungen

(1) Die Sitzungen des Personalrats sind nicht öffentlich.

(2) Die Dienststelle nimmt an den Sitzungen teil, deren Einberufung sie beantragt hat oder zu denen sie ausdrücklich eingeladen worden ist.

(3) [1] Die Sitzungen des Personalrates finden in der Regel als Präsenzsitzung in Anwesenheit seiner Mitglieder vor Ort statt. [2] Der Personalrat kann im Einzelfall durch Beschluss oder allgemein in seiner Geschäftsordnung nach § 45 festlegen, dass Sitzungen vollständig oder unter Zuschaltung einzelner Personalratsmitglieder mittels Video- oder Telefonkonferenz durchgeführt werden können, wenn

1.   vorhandene Einrichtungen genutzt werden, die durch die Dienststelle zur dienstlichen Nutzung freigegeben sind und

2.   der Personalrat geeignete organisatorische Maßnahmen trifft, um sicherzustellen, dass Dritte vom Inhalt der Sitzung keine Kenntnis nehmen können.

[3] Eine Aufzeichnung ist unzulässig. [4] Personalratsmitglieder, die mittels Video- oder Telefonkonferenz an Sitzungen teilnehmen, gelten als anwesend im Sinne des § 39 Absatz 2 Satz 1. § 43 Absatz 1 Satz 3 findet mit der Maßgabe Anwendung, dass die oder der Vorsitzende die zugeschalteten Personalratsmitglieder feststellt und in die Anwesenheitsliste einträgt. [5] Das Recht eines Personalratsmitglieds auf Teilnahme an der Sitzung vor Ort bleibt durch die Durchführung der Sitzung mittels Video- oder Telefonkonferenz unberührt.[11]

(4) An den Sitzungen können teilnehmen

1.   je eine Beauftragte oder ein Beauftragter der im Personalrat vertretenen Gewerkschaften, wenn dies von einem Viertel der Mitglieder des Personalrats oder der Mehrheit der Vertreterinnen und Vertreter einer Gruppe beantragt worden ist,

2.   die oder der Vorsitzende oder ein beauftragtes Mitglied der Jugend- und Auszubildendenvertretung,

3.   alle Mitglieder der Jugend- und Auszubildendenvertretung, soweit Angelegenheiten behandelt werden, die besonders Jugendliche und Auszubildende betreffen.

(5) Auf Beschluss des Personalrats können sachkundige Personen sowie eine Person zur Fertigung der Niederschrift zu den Sitzungen hinzugezogen werden.

§ 37

Zeitpunkt

[1] Die Sitzungen finden in der Regel innerhalb der Dienstzeit statt. [2] Der Personalrat hat bei ihrer Anberaumung die dienstlichen Erfordernisse zu berücksichtigen. [3] Die Dienststelle ist vom Zeitpunkt der Sitzung rechtzeitig zu verständigen.

§ 38 [12]

Einladung

(1) [1] Die Mitglieder des Personalrats, die Schwerbehindertenvertretung und die nach § 36 Absatz 4 Nummern 2 bis 3 teilnahmeberechtigten Personen werden von der oder dem Vorsitzenden rechtzeitig unter Mitteilung der Tagesordnung eingeladen. [2] Eine Verhinderung soll unverzüglich unter Angabe der Gründe mitgeteilt werden; die oder der Vorsitzende lädt sodann das Ersatzmitglied oder die Stellvertreterin oder den Stellvertreter ein.

(2) Im Fall des § 36 Absatz 4 Nummer 1 teilt die oder der Vorsitzende den Gewerkschaften den Zeitpunkt der Sitzung und die Tagesordnung rechtzeitig mit.

§ 39

Beschlussfassung

(1) Stimmrecht haben außer den Mitgliedern des Personalrats die Mitglieder der Jugend- und Auszubildendenvertretung, wenn die Beschlüsse überwiegend Jugendliche und Auszubildende betreffen.

(2) [1] Die Beschlüsse werden, soweit in diesem Gesetz nichts anderes bestimmt ist, mit der Mehrheit der Stimmen der anwesenden Stimmberechtigten gefasst. [2] Bei Stimmengleichheit ist ein Antrag abgelehnt.

(3) Der Personalrat ist beschlussfähig, wenn mindestens die Hälfte seiner Mitglieder an der Beschlussfassung teilnimmt; Stellvertretung durch Ersatzmitglieder ist zulässig.

(4) Die Dienststelle ist bei der Beschlussfassung nicht anwesend.

(5) [1] An der Beratung und Beschlussfassung über Angelegenheiten, die die persönlichen Interessen eines Mitglieds des Personalrats unmittelbar berühren, nimmt dieses Mitglied nicht teil. [2] Für die Dauer dieser zeitweiligen Verhinderung gilt § 32. [3] Für die Personen, die berechtigt sind, an den Sitzungen teilzunehmen, gilt Satz 1 entsprechend.

(6) In personellen Angelegenheiten kann der Personalrat beschließen, dass unmittelbar von der Maßnahme betroffenen Personen Gelegenheit gegeben wird, vom Personalrat gehört zu werden.

(7) [1] Angehörigen des öffentlichen Dienstes ist bei sie betreffenden personellen Maßnahmen auf ihren Antrag der entsprechende Beschluss des Personalrates mitzuteilen. [2] Auf Verlangen der oder des Angehörigen des öffentlichen Dienstes hat der Personalrat seinen Beschluss zu erläutern.

§ 40

Gruppenangelegenheiten

(1) Über die Angelegenheiten der Gruppen wird vom Personalrat gemeinsam beraten und beschlossen.

(2) In Angelegenheiten, die nur eine im Personalrat vertretene Gruppe betreffen, beschließen nach gemeinsamer Beratung im Personalrat nur die Vertreterinnen und Vertreter dieser Gruppe, wenn die Mehrheit von ihnen dies beantragt, es sei denn, die Angelegenheit betrifft überwiegend Jugendliche und Auszubildende.

§ 41

Aussetzung von Beschlüssen

(1) [1] Sieht die Mehrheit der Vertreterinnen und Vertreter einer Gruppe durch einen Beschluss des Personalrats wichtige Interessen der durch sie vertretenen Angehörigen des öffentlichen Dienstes erheblich beeinträchtigt, ist auf ihren Antrag die Ausführung des Beschlusses für eine Woche vom Zeitpunkt der Beschlussfassung an auszusetzen. [2] Innerhalb der Frist soll, gegebenenfalls mit Hilfe der in der Dienststelle vertretenen Gewerkschaften, versucht werden, eine Verständigung zu erzielen.

(2) [1] Nach Ablauf der Frist ist über die Angelegenheit neu zu beschließen. [2] Wird der erste Beschluss bestätigt, kann der Antrag auf Aussetzung nicht wiederholt werden.

§ 42

Beteiligung der Jugend- und Auszubildendenvertretung

[1] Der Personalrat soll Angelegenheiten, die besonders Jugendliche und Auszubildende betreffen, der Jugend- und Auszubildendenvertretung zur Beratung zuleiten. [2] Er hat die Jugend- und Auszubildendenvertretung in solchen Angelegenheiten zu Besprechungen mit der Dienststelle hinzuzuziehen.

§ 43

Sitzungsniederschrift

(1) [1] Über jede Verhandlung des Personalrats ist eine Niederschrift aufzunehmen, die mindestens den Wortlaut der Beschlüsse und die Abstimmungsergebnisse zu enthalten hat. [2] Die Niederschrift ist von der oder dem Vorsitzenden und einem weiteren Mitglied zu unterzeichnen. [3] Der Niederschrift ist eine Anwesenheitsliste beizufügen, in die sich jede Teilnehmerin und jeder Teilnehmer selbst einzutragen hat.

(2) [1] Hat die Dienststelle oder eine Beauftragte oder ein Beauftragter einer Gewerkschaft an der Verhandlung teilgenommen, ist der Dienststelle oder der Gewerkschaft eine Abschrift des entsprechenden Teils der Niederschrift zu übersenden. [2] Einwendungen gegen die Niederschrift sind unverzüglich schriftlich oder in Textform zu erheben; sie sind der Niederschrift beizufügen. [13]

§ 44

Einsicht in Unterlagen

Die Mitglieder des Personalrats können seine Unterlagen jederzeit einsehen.

§ 45

Geschäftsordnung

Sonstige Bestimmungen über die Geschäftsführung können in einer Geschäftsordnung getroffen werden, die sich der Personalrat selbst gibt.

§ 46

Sprechstunden

(1) [1] Der Personalrat kann Sprechstunden innerhalb der Dienstzeit einrichten. [2] Zeit und Ort bestimmt er im Einvernehmen mit der Dienststelle. [3] Wird kein Einvernehmen hergestellt, kann die Einigungsstelle angerufen werden.

(2) Richtet die Jugend- und Auszubildendenvertretung keine eigenen Sprechstunden ein, kann an den Sprechstunden des Personalrats die oder der

Vorsitzende oder ein beauftragtes Mitglied der Jugend- und Auszubildendenvertretung zur Beratung Jugendlicher und Auszubildender teilnehmen.

(3) Notwendige Versäumnis von Arbeitszeit zum Besuch der Sprechstunden oder zur sonstigen Inanspruchnahme des Personalrats hat keine
Minderung der Bezüge oder des Arbeitsentgelts zur Folge.

§ 47

Kosten und Geschäftsbetrieb

(1) Die durch die Tätigkeit des Personalrats entstehenden Kosten trägt
die Dienststelle.

(2) Die Mitglieder des Personalrats erhalten bei Reisen, die zur Wahrnehmung ihrer Aufgaben notwendig sind, Reisekostenvergütung nach dem
Hamburgischen Reisekostengesetz.

(3) Die Dienststelle sorgt dafür, dass die äußeren Voraussetzungen für
den Geschäftsbetrieb des Personalrats geschaffen werden; insbesondere sind
dem Personalrat für die Sitzungen, die Sprechstunden und die laufende Geschäftsführung in dem zur Wahrnehmung seiner Aufgaben notwendigen
Umfang Räume, sachliche Mittel und Büropersonal bereitzustellen.

(4) [1] Dem Personalrat werden geeignete Plätze für Bekanntmachungen
und Aushänge zur Verfügung gestellt, dazu zählt auch die Nutzung in der
Dienststelle gebräuchlicher elektronischer Medien. [2] In dringenden Fällen
werden Bekanntmachungen des Personalrats wie dienstliche Mitteilungen
bekannt gegeben.

§ 48

Umlageverbot

Der Personalrat darf für seine Zwecke von den Angehörigen des öffentlichen Dienstes keine Beiträge erheben oder annehmen.

4. Rechtsstellung der Mitglieder

§ 49

Ehrenamt und Dienstbefreiung

(1) Die Mitglieder des Personalrats führen ihr Amt unentgeltlich als Ehrenamt.

(2) Die Mitglieder des Personalrats sind von der dienstlichen Tätigkeit ohne Minderung der Bezüge oder des Arbeitsentgelts zu befreien, soweit es nach Art und Umfang der Dienststelle zur Wahrnehmung ihrer Aufgaben notwendig ist.

(3) Werden Mitglieder des Personalrats durch die Wahrnehmung ihrer Aufgaben über die regelmäßige Arbeitszeit hinaus beansprucht, gilt die Mehrbeanspruchung als Leistung von Mehrarbeit oder Überstunden.

(4) [1] Für die Teilnahme an Schulungs- und Bildungsveranstaltungen gilt Absatz 2 entsprechend, soweit sie für die Tätigkeit des Personalrats notwendige Kenntnisse vermitteln. [2] Der Personalrat hat bei der Festlegung der Zeit für die Teilnahme an Schulungs- und Bildungsveranstaltungen die dienstlichen Erfordernisse zu berücksichtigen. [3] Die Dienststelle ist vom Zeitpunkt und von der Dauer der Veranstaltung sowie von der Teilnahme rechtzeitig zu verständigen. [4] Hält die Dienststelle die dienstlichen Erfordernisse für nicht ausreichend berücksichtigt, kann sie die Einigungsstelle anrufen.

(5) [1] Unbeschadet des Absatzes 4 hat jedes Mitglied des Personalrats innerhalb seiner regelmäßigen Amtszeit Anspruch auf Befreiung von der dienstlichen Tätigkeit ohne Minderung der Bezüge oder des Arbeitsentgelts für insgesamt drei Wochen zur Teilnahme an Schulungs- und Bildungsveranstaltungen, die von der obersten Dienstbehörde nach Beratung mit den Spitzenorganisationen der zuständigen Gewerkschaften und Berufsverbände als geeignet anerkannt sind. [2] Der Anspruch erstreckt sich bei erstmaliger Mitgliedschaft im Personalrat ohne vorherige Mitgliedschaft in der Jugend- und Auszubildendenvertretung auf eine Befreiung von der dienstlichen Tätigkeit für insgesamt vier Wochen. [3] Absatz 4 Sätze 2 bis 4 gilt entsprechend.

§ 50

Freistellung

(1) [1] Auf Beschluss des Personalrats sind in Dienststellen mit in der Regel

Angehörigen des Öffentlichen Dienstes	Mitglieder
301 bis 600	1
601 bis 1000	2
1001 bis 2000	3

und für je angefangene weitere 1000 Angehörige des öffentlichen Dienstes je ein weiteres Mitglied von der dienstlichen Tätigkeit freizustellen. [2] Freistellungen sind in dem Umfang von Satz 1 auch in Form von Teilfreistellungen mehrerer Personalratsmitglieder zulässig; die Teilfreistellungen müssen mindestens ein Viertel und dürfen höchstens drei Viertel der regelmäßigen wöchentlichen Arbeitszeit betragen. [3] Bei der Auswahl der freizustellenden Mitglieder soll der Personalrat nach der oder dem Vorsitzenden die Gruppen angemessen berücksichtigen.

(2) [1] In Dienststellen mit in der Regel bis zu 300 Angehörigen des öffentlichen Dienstes oder neben Freistellungen nach Absatz 1 kann der Personalrat im Einvernehmen mit der Dienststelle weitere Mitglieder ganz oder teilweise von der dienstlichen Tätigkeit freistellen, soweit es nach Art und Umfang der Dienststelle zur Wahrnehmung seiner Aufgaben notwendig ist; Absatz 1 Satz 2 zweiter Halbsatz gilt entsprechend. [2] Wird kein Einvernehmen hergestellt, kann die Einigungsstelle angerufen werden. [14]

(3) Die Freistellungen finden ohne Minderung der Bezüge oder des Arbeitsentgelts statt.

(4) Die Freistellungen dürfen nicht zur Beeinträchtigung des beruflichen Werdegangs führen.

(5) Innerhalb eines Jahres nach Beendigung der Freistellung ist dem Mitglied des Personalrats in besonderer Weise Gelegenheit zu geben, sich für neu zu übernehmende Aufgaben nach Beendigung der Freistellung aus- oder fortzubilden.

(6) Die Absätze 1 bis 5 gelten nicht in den Fällen des § 11 Absatz 3.

$$\S\,51$$

Unfälle und Sachschäden

(1) Erleidet eine Beamtin oder ein Beamter anlässlich der Wahrnehmung von Rechten oder Erfüllung von Pflichten nach diesem Gesetz einen Unfall, der im Sinne des Hamburgischen Beamtenversorgungsgesetzes vom 26. Januar 2010 (HmbGVBl. S. 23, 72), zuletzt geändert am 3. September 2013 (HmbGVBl. S. 369, 372), in der jeweils geltenden Fassung ein Dienstunfall wäre, oder einen Sachschaden, der nach § 83 des Hamburgischen Beamtengesetzes vom 15. Dezember 2009 (HmbGVBl. S. 405), zuletzt geändert am 8. Juli 2014 (HmbGVBl. S. 299, 325), in der jeweils geltenden Fassung zu ersetzen wäre, in der jeweils geltenden Fassung zu ersetzen wäre, so finden diese Vorschriften entsprechende Anwendung.

(2) Für andere Mitglieder des Personalrats gelten die beamtenrechtlichen Bestimmungen über den Ersatz von Sachschäden nach Absatz 1 entsprechend.

$$\S\,52$$

Schutzbestimmung

(1) [1] Die Mitglieder des Personalrats dürfen gegen ihren Willen nur versetzt, abgeordnet oder zu einer anderen Dienststelle oder innerhalb der Dienststelle unter Wechsel des Dienstorts einschließlich seines Einzugsgebiets umgesetzt werden, wenn dies auch unter Berücksichtigung der Mitgliedschaft im Personalrat aus wichtigen dienstlichen Gründen unvermeidbar ist und der Personalrat zustimmt. [2] Entsprechendes gilt für Zuweisungen.

(2) [1] Die außerordentliche Kündigung von Mitgliedern der Personalvertretungen oder der Jugend und Auszubildendenvertretungen, der Wahlvorstände sowie von Wahlbewerberinnen und Wahlbewerbern, die in einem Arbeitsverhältnis stehen, bedarf der Zustimmung der zuständigen Personalvertretung. [2] Verweigert die zuständige Personalvertretung ihre Zustimmung oder äußert sie sich nicht innerhalb von drei Arbeitstagen nach Eingang des Antrags, so kann das Verwaltungsgericht sie auf Antrag der Dienststellenleiterin oder des Dienststellenleiters ersetzen, wenn die außerordentliche Kündigung unter Berücksichtigung aller Umstände gerechtfertigt ist. [3] In dem Verfahren vor dem Verwaltungsgericht ist die betroffene Arbeitnehmerin Beteiligte und der betroffene Arbeitnehmer Beteiligter.

§ 53

Übernahme von Auszubildenden

(1) Beabsichtigt der Arbeitgeber, eine oder einen in einem Berufsausbildungsverhältnis nach dem Berufsbildungsgesetz vom 23. März 2005 (BGBl. I S. 931), zuletzt geändert am 25. Juli 2013 (BGBl. I S. 2749, 2758), dem Krankenpflegegesetz vom 16. Juli 2003 (BGBl. I S. 1442), zuletzt geändert am 6. Dezember 2011 (BGBl. I S. 2515, 2537), oder dem Hebammengesetz vom 4. Juni 1985 (BGBl. I S. 902), zuletzt geändert am 22. Mai 2013 (BGBl. I S.1348, 1356), in der jeweils geltenden Fassung stehende Beschäftigte oder stehenden Beschäftigten (Auszubildende oder Auszubildender), die oder der Mitglied einer Personalvertretung oder einer Jugend- und Auszubildendenvertretung ist, nach erfolgreicher Beendigung des Berufsausbildungsverhältnisses nicht in ein Arbeitsverhältnis auf unbestimmte Zeit zu übernehmen, so hat er dies drei Monate vor Beendigung des Berufsausbildungsverhältnisses der oder dem Auszubildenden schriftlich mitzuteilen.

(2) Verlangt eine oder ein in Absatz 1 genannte Auszubildende oder Auszubildender innerhalb der letzten drei Monate vor Beendigung des Berufsausbildungsverhältnisses schriftlich vom Arbeitgeber ihre oder seine Weiterbeschäftigung, so gilt zwischen der oder dem Auszubildenden und dem Arbeitgeber im Anschluss an das erfolgreiche Berufsausbildungsverhältnis ein Arbeitsverhältnis auf unbestimmte Zeit als begründet.

(3) Die Absätze 1 und 2 gelten auch, wenn das Berufsausbildungsverhältnis vor Ablauf eines Jahres nach Beendigung der Amtszeit der Personalvertretung oder der Jugend- und Auszubildendenvertretung erfolgreich endet.

(4) [1] Der Arbeitgeber kann spätestens bis zum Ablauf von zwei Wochen nach Beendigung des Berufsausbildungsverhältnisses beim Verwaltungsgericht Hamburg beantragen,

1. festzustellen, dass ein Arbeitsverhältnis nach Absatz 2 oder 3 nicht begründet ist, oder

2. das bereits nach Absatz 2 oder 3 begründete Arbeitsverhältnis aufzulösen,

wenn Tatsachen vorliegen, auf Grund derer dem Arbeitgeber unter Berücksichtigung aller Umstände die Weiterbeschäftigung nicht zugemutet werden kann. [2] In dem Verfahren vor dem Verwaltungsgericht Hamburg ist die Personalvertretung, bei einem Mitglied der Jugend- und Auszubildendenvertretung auch diese beteiligt.

(5) Die Absätze 2 bis 4 sind unabhängig davon anzuwenden, ob der Arbeitgeber seiner Mitteilungspflicht nach Absatz 1 nachgekommen ist.

Abschnitt III

Personalversammlung

§ 54

Zusammensetzung

(1) [1] Die Personalversammlung besteht aus den Angehörigen des öffentlichen Dienstes der Dienststelle. [2] Kann nach den dienstlichen Erfordernissen eine gemeinsame Versammlung aller Angehörigen des öffentlichen Dienstes der Dienststelle nicht stattfinden, werden Teilversammlungen durchgeführt. [3] Darüber hinaus sind Teilversammlungen zulässig, wenn Angelegenheiten behandelt werden sollen, die nur einen Teil der Angehörigen des öffentlichen Dienstes betreffen.

(2) Die Personalversammlung wird von der oder dem Vorsitzenden oder einem beauftragten Mitglied des Personalrats geleitet, soweit in diesem Gesetz nichts anderes bestimmt ist.

(3) [1] Auf Beschluss der zuständigen Personalräte kann bei Umorganisation von Dienststellen ausschließlich zur Information der Angehörigen des öffentlichen Dienstes der Dienststellen eine gemeinsame Personalversammlung stattfinden. [2] Die zuständigen Personalräte bestimmen zugleich, wer die Leitung der gemeinsamen Personalversammlung übernimmt.

§ 55

Einberufung

(1) [1] Der Personalrat kann einmal in jedem Kalenderhalbjahr eine Personalversammlung einberufen. [2] Mindestens einmal im Kalenderjahr hat der Personalrat in einer Personalversammlung einen Tätigkeitsbericht zu erstatten.

(2) [1] Der Personalrat ist berechtigt und auf Wunsch der Dienststelle oder eines Viertels ihrer Angehörigen des öffentlichen Dienstes verpflichtet, eine Personalversammlung einzuberufen und den Gegenstand, dessen Beratung beantragt ist, auf die Tagesordnung zu setzen. [2] Satz 1 gilt entsprechend für Teilversammlungen nach § 54 Absatz 1 Satz 3.

§ 56
Teilnahme

(1) [1] Die Personalversammlungen sind nicht öffentlich. [2] Der Personalrat kann die Personalversammlung im Einvernehmen mit der Leiterin oder dem Leiter der Dienststelle mittels Videokonferenz in Nebenstellen oder Teile der Dienststelle übertragen. [3] § 36 Absatz 3 Satz 2 Nummern 1 und 2 sowie Satz 3 gilt entsprechend. [4] Die Möglichkeit zur Durchführung von Teilversammlungen bleibt unberührt. [15]

(2) [1] Die Dienststelle kann an den Personalversammlungen teilnehmen. [2] Sie ist vom Zeitpunkt der Personalversammlung rechtzeitig unter Mitteilung der Tagesordnung zu verständigen.

(3) An den Personalversammlungen können ferner Beauftragte der in der Dienststelle vertretenen Gewerkschaften teilnehmen; den Gewerkschaften sind der Zeitpunkt der Personalversammlung und die Tagesordnung rechtzeitig mitzuteilen.

(4) Auf Beschluss des Personalrats oder der Personalversammlung können zu einzelnen Punkten sachkundige Personen gehört werden.

§ 57
Zeitpunkt

(1) [1] Die in den §§ 21 bis 24 und in § 55 Absatz 1 genannten sowie die auf Wunsch des Personalrats oder der Dienststelle einberufenen Personalversammlungen finden innerhalb der Dienstzeit statt, soweit nicht die dienstlichen Verhältnisse, insbesondere die Art der Dienststelle, zwingend eine andere Regelung erfordern. [2] Die in Satz 1 genannten Personalversammlungen in den staatlichen Schulen finden, sofern sie an Unterrichtstagen durchgeführt werden, nicht vor 14.00 Uhr statt. [3] Sonstige Personalversammlungen finden außerhalb der Dienstzeit statt; hiervon kann im Einvernehmen mit der Dienststelle abgewichen werden.

(2) [1] Die Zeit der Teilnahme an Personalversammlungen nach Absatz 1 Satz 1 und die zusätzlichen Wegezeiten gelten als Arbeitszeit, auch wenn diese Personalversammlungen außerhalb der Dienstzeit stattfinden. [2] Zusätzliche Fahrkosten, die den Angehörigen des öffentlichen Dienstes durch die Teilnahme an außerhalb ihrer Dienstzeit stattfindenden Personalversammlungen nach Absatz 1 Satz 1 entstehen, werden nach dem Hamburgischen Reisekostengesetz erstattet. [3] Notwendige Versäumnis von Arbeitszeit zur Teilnahme an im Einvernehmen mit der Dienststelle innerhalb der Dienstzeit stattfindenden Personalversammlungen nach Absatz 1 Satz 3 hat keine Minderung der Bezüge oder des Arbeitsentgelts zur Folge.

§ 58

Befugnisse

[1] Die Personalversammlung kann alle Angelegenheiten behandeln, die die Dienststelle oder ihre Angehörigen des öffentlichen Dienstes unmittelbar betreffen, insbesondere solche beamten-, tarif-, sozialpolitischer und wirtschaftlicher Art sowie Fragen der Gleichstellung von Frauen und Männern. [2] Sie kann dem Personalrat im Rahmen seiner Aufgaben und Befugnisse Anträge unterbreiten und zu seinen Beschlüssen Stellung nehmen. [3] Der Personalrat hat die Angehörigen des öffentlichen Dienstes in geeigneter Weise umgehend über die Behandlung der Anträge und die Durchführung entsprechender Maßnahmen zu informieren.

Abschnitt IV

Gesamtpersonalrat

§ 59

Bildung und Zuständigkeit

(1) [1] Bestehen in einer Fachbehörde oder in einer Fachbehörde und ihrer Aufsicht unterstehenden juristischen Personen des öffentlichen Rechts, die Personalangelegenheiten als staatliche Auftragsangelegenheiten wahrnehmen, mehrere Personalräte, können durch Beschlüsse der Personalräte bei der Fachbehörde für den gesamten Geschäftsbereich ein Gesamtpersonalrat oder für fachlich zusammenhängende Teilbereiche Gesamtpersonalräte gebildet werden. [2] Die Personalräte beschließen darüber getrennt. [3] Die Bildung eines Gesamtpersonalrats setzt voraus, dass die Personalräte, die sich dafür aussprechen, mehr als die Hälfte der Angehörigen des öffentlichen Dienstes des gesamten Geschäftsbereichs oder der fachlich zusammenhängenden Teilbereiche vertreten. [4] Die Beschlüsse der Personalräte werden erstmals für die nächste Wahl wirksam. [5] Sie können in der in den Sätzen 2 und 3 genannten Weise wieder aufgehoben werden.

(2) Die Personalräte bei den Bezirksämtern gelten für die Anwendung des Absatzes 1 als Personalräte in der für Bezirksangelegenheiten zuständigen Behörde.

(3) In der für das Schulwesen zuständigen Behörde wird ein Gesamtpersonalrat für das Personal an staatlichen Schulen gebildet, ohne dass es der Beschlüsse der Personalräte an staatlichen Schulen gemäß Absatz 1 bedarf.

(4) Der Gesamtpersonalrat ist nur für die Angelegenheiten zuständig, die über den Bereich eines Personalrats hinausgehen.

(5) Der Gesamtpersonalrat ist den Personalräten nicht übergeordnet. § 84 Absatz 3 bleibt unberührt.

§ 60

Wahl und Zusammensetzung

(1) [1] Die Mitglieder des Gesamtpersonalrats werden alle vier Jahre jeweils in der Zeit vom 1. März bis zum 31. Mai oder außerhalb dieses regelmäßigen Wahlzeitraums entsprechend § 19 Absatz 2 von den Angehörigen des

öffentlichen Dienstes des Bereichs gewählt, für den der Gesamtpersonalrat auf Grund der Beschlüsse der Personalräte nach § 59 Absatz 1 oder auf Grund des § 59 Absatz 3 zu bilden ist. [2] Die Wahl der Mitglieder des Gesamtpersonalrats ist mit den Personalratswahlen zu verbinden, soweit sich aus § 19 Absatz 2 oder seiner entsprechenden Anwendung nichts anderes ergibt. [3] Wählbar sind

1. bei Verbindung der Wahlen die in dem jeweiligen Bereich auf einem Wahlvorschlag für die Personalratswahlen benannten Angehörigen des öffentlichen Dienstes,

2. ohne Verbindung der Wahlen die Mitglieder der in dem jeweiligen Bereich bestehenden Personalräte.

(2) [1] Für die Wahl und Zusammensetzung des Gesamtpersonalrats gelten im Übrigen die §§ 12 bis 16, § 17 Absatz 2, § 18, § 19 Absätze 3 und 4, die §§ 20 bis 22 und die §§ 24 bis 27 entsprechend. [2] Eine Personalversammlung zur Wahl eines Wahlvorstands findet nicht statt; an ihrer Stelle bestellt die Fachbehörde in den Fällen der entsprechenden Anwendung des § 21 Absatz 2, des § 22 und des § 24 Absatz 4 den Wahlvorstand.

(3) Wird die Wahl der Mitglieder des Gesamtpersonalrats mit den Personalratswahlen verbunden, führen die Wahlvorstände für die Personalratswahlen als örtliche Wahlvorstände die Wahl der Mitglieder des Gesamtpersonalrats in den Dienststellen für den Wahlvorstand nach Absatz 2 Satz 1 oder 2 durch.

(4) [1] Wird die Wahl der Mitglieder des Gesamtpersonalrats nicht mit den Personalratswahlen verbunden, bestellen die Personalräte oder, wenn Personalräte nicht bestehen oder die Bestellung nicht vornehmen, die Dienststellen auf Veranlassung des Wahlvorstands nach Absatz 2 Satz 1 oder 2 örtliche Wahlvorstände für die Durchführung der Wahl der Mitglieder des Gesamtpersonalrats in den Dienststellen. [2] Für die Zusammensetzung dieser örtlichen Wahlvorstände gilt § 21 Absatz 1 entsprechend.

(5) [1] Für die Durchführung der Wahl der Mitglieder des Gesamtpersonalrats in den Dienststellen durch die örtlichen Wahlvorstände nach Absatz 3 oder 4 gelten § 24 Absätze 1, 2 und 4, § 25 und § 26 entsprechend. [2] Sogleich nach der letzten Stimmabgabe für die Wahl der Mitglieder des Gesamtpersonalrats zählen die örtlichen Wahlvorstände öffentlich die Stimmen aus, stellen das Teilergebnis in einer Niederschrift fest und übersenden die Niederschrift

dem Wahlvorstand nach Absatz 2 Satz 1 oder 2. [3] Bei der entsprechenden Anwendung des § 24 Absatz 4 treten an die Stelle der Verpflichtungen nach § 24 Absatz 3 Satz 1 die Verpflichtungen nach Satz 2 und wird im Fall des Absatzes 4 ein neuer örtlicher Wahlvorstand nach dieser Vorschrift bestellt.

§ 61

Amtszeit, Geschäftsführung und Rechtsstellung der Mitglieder

(1) [1] Die regelmäßige Amtszeit des Gesamtpersonalrats beträgt vier Jahre. [2] § 28 Absätze 2 bis 4 und die §§ 29 bis 32 gelten entsprechend.

(2) [1] Für die Geschäftsführung des Gesamtpersonalrats gelten die §§ 33 bis 45, § 47 und § 48 entsprechend. [2] Dabei treten an die Stelle der Schwerbehindertenvertretung eine von den betroffenen Schwerbehindertenvertretungen aus ihrer Mitte gewählte Schwerbehindertenvertretung beim Gesamtpersonalrat sowie an die Stelle der Jugend- und Auszubildendenvertretung und aller Mitglieder der Jugend- und Auszubildendenvertretung eine oder ein von den Vorsitzenden der Jugend- und Auszubildendenvertretungen aus ihrer Mitte gewählte Vertreterin oder gewählter Vertreter.

(3) [1] Für die Rechtsstellung der Mitglieder des Gesamtpersonalrats gelten § 9 Absätze 1 bis 3 und § 52, ohne gleichzeitige Mitgliedschaft in einem Personalrat gilt ferner § 49 Absätze 4 und 5 entsprechend. [2] Der Gesamtpersonalrat kann im Einvernehmen mit der Fachbehörde Mitglieder des entsprechend § 33 Absatz 2 gebildeten Vorstands, die nicht auf Grund gleichzeitiger Mitgliedschaft in einem Personalrat freigestellt sind, ganz oder teilweise von der dienstlichen Tätigkeit freistellen, soweit es zur Wahrnehmung der Aufgaben des Gesamtpersonalrats notwendig ist; § 50 Absatz 2 Satz 2 und Absätze 3 bis 6 gilt entsprechend.

Abschnitt V

Jugend- und Auszubildendenvertretung, Jugend- und Auszubildendenversammlung

1. Jugend- und Auszubildendenvertretung

§ 62
Dienststellen mit Jugend- und Auszubildendenvertretungen

(1) Jugend- und Auszubildendenvertretungen werden in allen Dienststellen mit in der Regel fünf zur Jugend- und Auszubildendenvertretung wahlberechtigten Angehörigen des öffentlichen Dienstes gewählt, von denen drei wählbar sind.

(2) Neben der Wahl von Personalräten nach § 11 Absatz 3 entfällt die Wahl von Jugend- und Auszubildendenvertretungen.

§ 63
Wahlrecht

(1) [1] Wahlberechtigt sind

1. die Angehörigen des öffentlichen Dienstes, die das 18. Lebensjahr noch nicht vollendet haben (Jugendliche),

2. die Beamtinnen, Beamten, Arbeitnehmerinnen und Arbeitnehmer im Vorbereitungsdienst, die anderen Angehörigen des öffentlichen Dienstes in einem öffentlich-rechtlichen Ausbildungsverhältnis und die Auszubildenden und Praktikantinnen und Praktikanten (Auszubildende).

[2] § 12 Absätze 2 bis 5 gilt entsprechend.

(2) [1] Wählbar sind die Wahlberechtigten nach Absatz 1 sowie die Wahlberechtigten nach § 12, die am Wahltag das 27. Lebensjahr noch nicht vollendet haben. [2] § 13 Absatz 2 gilt entsprechend. [3] Nicht wählbar sind die Mitglieder des Personalrats.

§ 64

Mitgliederzahl

Die Jugend- und Auszubildendenvertretung besteht in Dienststellen mit in
der Regel

bis zu Jugendlichen und Auszubildenden	aus Mitgliedern
20	1
50	3
200	5
201 und mehr	7.

§ 65

Zusammensetzung

(1) Die Jugend- und Auszubildendenvertretung soll sich aus Vertreterinnen und Vertretern der verschiedenen Beschäftigungsarten zusammensetzen.

(2) § 18 Absatz 4 gilt entsprechend.

§ 66

Wahlzeiten

[1] Die Wahlen der Jugend- und Auszubildendenvertretung finden alle
zwei Jahre in der Zeit vom 1. März bis zum 31. Mai statt. [2] Für die Wahl der
Jugend- und Auszubildendenvertretung außerhalb des regelmäßigen Wahlzeitraums gilt § 19 Absatz 2 Nummern 2 bis 6, für die anschließende Neuwahl
§ 19 Absatz 3 entsprechend.

§ 67

Wahlgrundsätze und Wahlvorschläge

(1) Die Jugend- und Auszubildendenvertretung wird in geheimer, unmittelbarer und gemeinsamer Wahl gewählt.

(2) Die Wahl wird nach den Grundsätzen der Verhältniswahl durchgeführt; wird nur ein Wahlvorschlag eingereicht, findet sie nach den Grundsätzen der Mehrheitswahl statt.

(3) [1] Besteht die Jugend- und Auszubildendenvertretung aus nur einem Mitglied, wird die Wahl nach den Grundsätzen der Mehrheitswahl durchgeführt. [2] Die Person mit den zweitmeisten Stimmen wird Ersatzmitglied, bei Stimmengleichheit ist ein Ersatzmitglied in einem getrennten Wahlgang zu wählen.

(4) [1] Zur Wahl der Jugend- und Auszubildendenvertretung können die wahlberechtigten Jugendlichen und Auszubildenden und jede in der Dienststelle vertretene Gewerkschaft Wahlvorschläge machen. [2] Jeder nicht von einer Gewerkschaft eingereichte Wahlvorschlag muss von einem Zwanzigstel der Wahlberechtigten, mindestens aber von drei Wahlberechtigten unterzeichnet sein; in jedem Fall genügt die Unterzeichnung durch 50 Wahlberechtigte.

(5) Jede und jeder wahlberechtigte Jugendliche oder Auszubildende kann nur einen Wahlvorschlagunterzeichnen, jede und jeder Angehörige des öffentlichen Dienstes nur auf einem Wahlvorschlag benannt werden.

§ 68

Sonstige Wahlbestimmungen

(1) [1] Spätestens acht Wochen vor dem Ablauf der Amtszeit der Jugend- und Auszubildendenvertretung bestellt der Personalrat drei zur Jugend- und Auszubildendenvertretung wählbare Angehörige des öffentlichen Dienstes zum Wahlvorstand, darunter eine zur Vorsitzenden oder einen zum Vorsitzenden. [2] Für jedes Mitglied des Wahlvorstands soll mindestens ein Ersatzmitglied bestellt werden.

(2) [1] Besteht sechs Wochen vor dem Ablauf der Amtszeit der Jugend- und Auszubildendenvertretung kein Wahlvorstand, bestellt die Dienststelle auf Antrag einer oder eines wahlberechtigten Jugendlichen oder Auszubildenden oder einer in der Dienststelle vertretenen Gewerkschaft einen Wahlvorstand. [2] Für die Zusammensetzung des Wahlvorstands gilt Absatz 1 entsprechend.

(3) [1] Der Wahlvorstand hat die Wahl unverzüglich einzuleiten und durchzuführen; sie soll innerhalb von sechs Wochen stattfinden, soweit sich

aus § 66 Satz 1 nichts anderes ergibt. [2] Sogleich nach der Wahl zählt der Wahlvorstand öffentlich die Stimmen aus, stellt das Ergebnis in einer Niederschrift fest und gibt es in der Dienststelle bekannt. [3] Kommt der Wahlvorstand seinen Verpflichtungen nach Satz 1 oder 2 nicht nach, bestellt der Personalrat auf Antrag einer oder eines wahlberechtigten Jugendlichen oder Auszubildenden oder einer in der Dienststelle vertretenen Gewerkschaft einen neuen Wahlvorstand. [4] Für die Zusammensetzung des Wahlvorstands gilt Absatz 1, für das weitere Verfahren Absatz 2 entsprechend.

(4) § 24 Absatz 2 und Absatz 3 Satz 2 sowie die §§ 25 bis 27 gelten entsprechend.

§ 69

Amtszeit

(1) Die regelmäßige Amtszeit der Jugend- und Auszubildendenvertretung beträgt zwei Jahre.

(2) Die Amtszeit beginnt mit der Bekanntgabe des Wahlergebnisses oder, wenn zu diesem Zeitpunkt noch eine Jugend- und Auszubildendenvertretung besteht, mit dem Ablauf ihrer Amtszeit.

(3) [1] Die Amtszeit endet spätestens am 31. Mai des Jahres, in dem nach § 66 Satz 1 die regelmäßigen Wahlen oder nach § 66 Satz 2 in Verbindung mit § 19 Absatz 3 die Neuwahlen stattfinden. [2] Im Fall des § 66 Satz 2 in Verbindung mit § 19 Absatz 2 Nummer 2 endet die Amtszeit mit der Bekanntgabe des Ergebnisses der Neuwahl.

(4) [1] § 28 Absatz 4, § 29, § 30 Absatz 1, § 31 und § 32 gelten entsprechend. [2] Die Mitgliedschaft in der Jugend- und Auszubildendenvertretung erlischt nicht durch die Vollendung des 27. Lebensjahres nach dem Wahltag.

§ 70

Vorsitz

(1) Besteht die Jugend- und Auszubildendenvertretung aus mehr als einem Mitglied, wählt sie aus ihrer Mitte die Vorsitzende oder den Vorsitzenden und ihre oder seine Stellvertreterinnen oder Stellvertreter.

(2) [1] Die oder der Vorsitzende vertritt die Jugend- und Auszubildendenvertretung im Rahmen der von ihr gefassten Beschlüsse. [2] Sie oder er ist zur

Entgegennahme von Erklärungen berechtigt, die der Jugend- und Auszubildendenvertretung gegenüber abzugeben sind.

§ 71
Sitzungen und sonstige Geschäftsführung

(1) [1] Die Jugend- und Auszubildendenvertretung kann nach Verständigung des Personalrats Sitzungen einberufen. [2] An den Sitzungen soll die oder der Vorsitzende oder ein beauftragtes Mitglied des Personalrats beratend teilnehmen.

(2) Im Übrigen gelten für die Geschäftsführung der Jugend- und Auszubildendenvertretung die §§ 35 bis 39, die §§ 43 bis 45, § 47 und § 48 entsprechend.

§ 72
Aussetzung von Beschlüssen des Personalrats

[1] Sieht die Jugend- und Auszubildendenvertretung durch einen Beschluss des Personalrats wichtige Interessen der Jugendlichen und Auszubildenden erheblich beeinträchtigt, ist auf ihren Antrag die Ausführung des Beschlusses für eine Woche vom Zeitpunkt der Beschlussfassung an auszusetzen. [2] Innerhalb der Frist soll, gegebenenfalls mit Hilfe der in der Dienststelle vertretenen Gewerkschaften, eine Verständigung versucht werden. § 41 Absatz 2 gilt entsprechend.

§ 73
Sprechstunden

[1] In Dienststellen mit in der Regel mehr als 50 Jugendlichen und Auszubildenden kann die Jugend- und Auszubildendenvertretung nach Verständigung des Personalrats Sprechstunden innerhalb der Dienstzeit einrichten. [2] Zeit und Ort bestimmt sie im Einvernehmen mit der Dienststelle. [3] Wird kein Einvernehmen hergestellt, kann die Jugend- und Auszubildendenvertretung beim Personalrat die Anrufung der Einigungsstelle beantragen. [4] An den Sprechstunden kann die oder der Vorsitzende oder ein beauftragtes Mitglied des Personalrats teilnehmen. [5] § 46 Absatz 3 gilt entsprechend.

§ 74
Rechtsstellung der Mitglieder

[1] Für die Rechtsstellung der Mitglieder der Jugend- und Auszubildendenvertretung gelten §§ 49 und 52 entsprechend. [2] Die Befreiung von der dienstlichen Tätigkeit entsprechend § 49 darf nicht zu einer Beeinträchtigung der beruflichen Entwicklung führen. [3] Bei der entsprechenden Anwendung des § 49 Absatz 4 Satz 4 und Absatz 5 Satz 3 kann die Jugend- und Auszubildendenvertretung beim Personalrat die Anrufung der Einigungsstelle beantragen. [4] Bei der entsprechenden Anwendung des § 52 bleibt die Zuständigkeit des Personalrats unberührt.

2. Jugend- und Auszubildendenversammlung

§ 75
Zusammensetzung, Einberufung, Teilnahme, Zeitpunkt und Befugnisse

(1) [1] Die Jugend- und Auszubildendenversammlung besteht aus den Jugendlichen und Auszubildenden der Dienststelle. [2] Sie wird von der oder dem Vorsitzenden oder einem beauftragten Mitglied der Jugend- und Auszubildendenvertretung geleitet.

(2) [1] Die Jugend- und Auszubildendenvertretung kann einmal in jedem Kalenderhalbjahr eine Jugend- und Auszubildendenversammlung einberufen. [2] Mindestens einmal im Kalenderjahr hat die Jugend- und Auszubildendenvertretung in einer Jugend- und Auszubildendenversammlung einen Tätigkeitsbericht zu erstatten. [3] Die Jugend- und Auszubildendenvertretung ist im Einvernehmen mit dem Personalrat berechtigt und auf Wunsch der Dienststelle oder eines Viertels ihrer Jugendlichen und Auszubildenden verpflichtet, eine Jugend- und Auszubildendenversammlung einzuberufen und den Gegenstand, dessen Beratung beantragt ist, auf die Tagesordnung zu setzen.

(3) Die Jugend- und Auszubildendenversammlung soll vor oder nach einer Personalversammlung stattfinden.

(4) [1] Die Jugend- und Auszubildendenversammlung ist nicht öffentlich. [2] Die oder der Vorsitzende oder ein beauftragtes Mitglied des Personalrats soll an ihr teilnehmen.

(5) [1] § 54 Absatz 1 Satz 2, § 56 Absätze 2 und 3, § 57 und § 58 gelten entsprechend. [2] Bei der entsprechenden Anwendung des § 57 steht eine Jugend- und Auszubildendenversammlung nach Absatz 2 Satz 1 einer Personalversammlung nach § 55 Absatz 1, eine Jugend- und Auszubildendenversammlung nach Absatz 2 Satz 2 einer Personalversammlung nach § 55 Absatz 2 gleich.

Abschnitt VI

Beteiligung des Personalrats

1. Allgemeines

§ 76

Grundsätze für die Zusammenarbeit

(1) Der Personalrat hat seine Aufgaben in enger Zusammenarbeit mit den in der Dienststelle vertretenen Gewerkschaften als den berufenen Interessenvertretungen der Angehörigen des öffentlichen Dienstes wahrzunehmen.

(2) [1] Die Dienststelle und der Personalrat sollen mindestens einmal im Monat zu einer gemeinsamen Besprechung zusammentreten, um alle beabsichtigten Maßnahmen und Initiativen rechtzeitig und eingehend zu erörtern. [2] In diesen Besprechungen sollen auch Fragen der Gleichstellung von Frauen und Männern, die zweckmäßige Gestaltung des Dienstbetriebs und insbesondere alle Angelegenheiten behandelt werden, die die Dienststelle und ihre Angehörigen des öffentlichen Dienstes betreffen. [3] Hierzu gehören auch Beschwerden und Anregungen von Personen, die nicht der Dienststelle angehören, jedoch für die Dienststelle oder ihr angehörende Angehörige des öffentlichen Dienstes tätig sind und die innerhalb der Dienststelle beschäftigt werden. [4] Die Dienststelle und der Personalrat sollen über strittige Fragen verhandeln und Vorschläge zur Beilegung von Meinungsverschiedenheiten machen. [5] Außenstehende Stellen dürfen erst angerufen werden, nachdem eine Einigung in der Dienststelle nicht erzielt worden ist.

(3) [1] Die Dienststelle und der Personalrat haben alles zu unterlassen, was geeignet ist, die Arbeit oder den Frieden der Dienststelle zu gefährden, insbesondere dürfen sie keine Maßnahmen des Arbeitskampfes gegeneinander durchführen. [2] Arbeitskämpfe tariffähiger Parteien werden hierdurch nicht berührt.

(4) Die Dienststelle und der Personalrat dürfen sich in der Dienststelle nicht parteipolitisch betätigen; die Behandlung von Angelegenheiten beamten-, tarif-, sozialpolitischer und wirtschaftlicher Art sowie von Fragen der Gleichstellung von Frauen und Männern, die die Dienststelle oder ihre Angehörigen des öffentlichen Dienstes unmittelbar betreffen, wird hiervon nicht berührt.

(5) Angehörige des öffentlichen Dienstes, die Aufgaben oder Befugnisse nach diesem Gesetz wahrnehmen, werden dadurch in der Betätigung für ihre Gewerkschaft auch in der Dienststelle nicht beschränkt.

(6) Der Personalrat muss sich durch sein gesamtes Verhalten zu der freiheitlichen demokratischen Grundordnung im Sinne des Grundgesetzes bekennen und für deren Erhaltung eintreten.

(7) Der Personalrat hat sich für die Wahrung der Vereinigungsfreiheit der Angehörigen des öffentlichen Dienstes einzusetzen.

§ 77

Grundsätze für die Behandlung der Angehörigen
des öffentlichen Dienstes

Die Dienststelle und der Personalrat haben darüber zu wachen, dass alle Angehörigen des öffentlichen Dienstes der Dienststelle nach Recht und Billigkeit behandelt werden, insbesondere jede unterschiedliche Behandlung wegen des Geschlechts, der sexuellen Identität und Orientierung, der Abstammung, des Glaubens, der religiösen oder politischen Anschauungen, der Heimat, der Herkunft, der Beziehungen oder der politischen oder der gewerkschaftlichen Betätigung oder Einstellung sowie jede rassistische Behandlung unterbleibt. [16]

§ 78

Aufgaben und Unterrichtung des Personalrats

(1) Der Personalrat hat die allgemeinen Aufgaben,

1. sich insbesondere an Angelegenheiten im Sinne der §§ 87 und 88, auch wenn sie nur einzelne Angehörige des öffentlichen Dienstes betreffen, in der jeweils bestimmten Weise zu beteiligen, insbesondere gleichberechtigt nach Maßgabe der §§ 80 bis 82 mitzubestimmen,

2.   Maßnahmen zu beantragen, die der Dienststelle und ihren Angehörigen des öffentlichen Dienstes dienen,

3.   darauf hinzuwirken, dass die zugunsten der Angehörigen des öffentlichen Dienstes und die zugunsten von Personen, die nicht der Dienststelle angehören, jedoch für die Dienststelle oder ihr angehörende Angehörige des öffentlichen Dienstes in Angelegenheiten der Dienststelle tätig sind, geltenden Rechtsvorschriften, Dienstvereinbarungen und Verwaltungsanordnungen durchgeführt werden,

4.   Beschwerden und Anregungen von Angehörigen des öffentlichen Dienstes und von Personen, die nicht der Dienststelle angehören, jedoch für die Dienststelle oder ihr angehörende Angehörige des öffentlichen Dienstes in Angelegenheiten der Dienststelle tätig sind, entgegenzunehmen und, falls sie begründet erscheinen, durch Verhandlung mit der Dienststelle auf die Erledigung der Beschwerden und die Berücksichtigung der Anregungen hinzuwirken,

5.   auf Maßnahmen hinzuwirken, die der Gleichstellung von Frauen und Männern in der Dienststelle dienen,

6.   die berufliche Entwicklung schwerbehinderter Menschen sowie die Eingliederung und berufliche Entwicklung sonstiger schutzbedürftiger Personen, insbesondere älterer Arbeitnehmerinnen und Arbeitnehmer, zu fördern und entsprechende Maßnahmen zu beantragen,

7.   die Eingliederung ausländischer Angehöriger des öffentlichen Dienstes in die Dienststelle und das Verständnis zwischen ihnen und den deutschen Angehörigen des öffentlichen Dienstes zu fördern,

8.   die Wahl der Jugend- und Auszubildendenvertretung vorzubereiten und durchzuführen sowie mit ihr zur Förderung der Belange der Jugendlichen und Auszubildenden zusammenzuarbeiten; dabei kann der Personalrat von der Jugend- und Auszubildendenvertretung Vorschläge und Stellungnahmen anfordern.

(2) [1] Der Personalrat ist zur Wahrnehmung seiner Aufgaben rechtzeitig und umfassend zu unterrichten. [2] Vor Organisationsentscheidungen der Dienststelle, die beteiligungspflichtige Maßnahmen zur Folge haben, ist der Personalrat frühzeitig und fortlaufend zu informieren. [3] § 76 Absatz 2 und § 88 Absatz 6 bleiben unberührt.

(3) [1] Dem Personalrat sind die erforderlichen Unterlagen vorzulegen. [2] Schriftliche Unterlagen und in Dateien gespeicherte Informationen, über die die Dienststelle verfügt, sind dem Personalrat in geeigneter Weise zugänglich zu machen, soweit dies für die Erfüllung seiner Aufgaben erforderlich ist. [3] Dazu gehören bei Einstellungen die Unterlagen der sich bewerbenden Personen. [4] Soweit diese in den Fällen des § 89 Absatz 1 nicht die Beteiligung des Personalrats beantragt haben, dürfen ihre Bewerbungsunterlagen nur mit ihrer Einwilligung zugänglich gemacht werden. [17]

(4) [1] Personalakten dürfen nur mit Einwilligung der oder des Angehörigen des öffentlichen Dienstes und nur durch ein von ihr oder ihm bestimmtes Mitglied des Personalrats eingesehen werden. [2] Dienstliche Beurteilungen sind auf Verlangen der oder des Angehörigen des öffentlichen Dienstes dem Personalrat oder einem von ihr oder ihm bestimmten Mitglied des Personalrats zur Kenntnis zu geben. [18]

(5) [1] Unterlagen mit personenbezogenen Daten, die anlässlich eines Mitbestimmungsverfahrens zur Verfügung gestellt wurden, sind nach dessen Abschluss zurückzugeben oder zu löschen. [2] Ihre Sammlung, fortlaufende aktenmäßige Auswertung sowie die Speicherung und elektronische Auswertung der in ihnen enthaltenen Daten in Dateien durch den Personalrat ist unzulässig.

(6) [1] Unterlagen des Personalrats, die personenbezogene Daten enthalten (zum Beispiel Niederschriften, Personallisten), sind vor unbefugter Einsichtnahme zu schützen, aufzubewahren und spätestens nach Ablauf einer weiteren Amtsperiode des Personalrates dem Staatsarchiv anzubieten. [2] Sie sind zu vernichten, wenn sie nicht vom Staatsarchiv übernommen werden. [3] Die Dienststelle hat dem Personalrat geeignete Sicherungseinrichtungen zur Verfügung zu stellen.

§ 79

Wirtschaftsausschuss

(1) [1] In Körperschaften und Anstalten öffentlichen Rechts im Geltungsbereich dieses Gesetzes, die als wirtschaftlich tätige öffentliche Unternehmen Berichtsgegenstand im jährlichen Beteiligungsbericht der für die Finanzen zuständigen Behörde sind, kann im Einvernehmen zwischen Dienststelle und

Personalrat ein Wirtschaftsausschuss gebildet werden. [2] Der Wirtschaftsausschuss hat die Aufgabe, wirtschaftliche Angelegenheiten der Dienststelle im Sinne des Absatzes 3 zu beraten und den Personalrat zu unterrichten.

(2) Die Dienststelle hat den Wirtschaftsausschuss rechtzeitig und umfassend über die wirtschaftlichen Angelegenheiten unter Vorlage der erforderlichen Unterlagen zu unterrichten, soweit dadurch nicht die Betriebs- und Geschäftsgeheimnisse oder Dienstgeheimnisse gefährdet werden, sowie die sich daraus ergebenden Auswirkungen auf die Personalplanung darzustellen.

(3) Zu den wirtschaftlichen Angelegenheiten im Sinne des Absatzes 1 Satz 2 gehören insbesondere

1. die wirtschaftliche und finanzielle Lage der Dienststelle,

2. Veränderungen der Produktpläne,

3. beabsichtigte Investitionen,

4. beabsichtigte Partnerschaften mit Privaten,

5. Rationalisierungsvorhaben,

6. Einführung neuer Arbeits- und Managementmethoden,

7. Fragen des betrieblichen Umweltschutzes,

8. Verlegung von Dienststellen oder Dienststellenteilen,

9. Neugründung, Zusammenlegung oder Teilung der Dienststelle oder von Dienststellenteilen,

10. Kooperation mit anderen Dienststellen im Rahmen interadministrativer Zusammenarbeit,

11. sonstige Vorgänge und Vorhaben, welche die Interessen der Angehörigen des öffentlichen Dienstes der Dienststelle wesentlich berühren können.

(4) [1] Der Wirtschaftsausschuss besteht aus mindestens drei und höchstens sieben Mitgliedern, die der Dienststelle angehören müssen, darunter mindestens einem Personalratsmitglied. [2] Frauen und Männer sollen ihrem zahlenmäßigen Anteil in der Dienststelle entsprechend vertreten sein. [3] Die Mitglieder sollen die zur Erfüllung ihrer Aufgaben erforderliche fachliche

und persönliche Eignung besitzen. [4] Sie werden vom Personalrat für die Dauer seiner Amtszeit bestimmt. [5] § 49 Absatz 2 gilt entsprechend.

(5) [1] Der Wirtschaftsausschuss soll vierteljährlich einmal zusammentreten. [2] Er hat über jede Sitzung dem Personalrat unverzüglich und vollständig zu berichten.

(6) [1] An den Sitzungen des Wirtschaftsausschusses hat die Dienststelle teilzunehmen. [2] Sie kann weitere sachkundige Beschäftigte hinzuziehen.

2. Arten und Durchführung der Beteiligung

a) Mitbestimmung

§ 80
Inhalt und Verfahren

(1) [1] Der Personalrat bestimmt mit bei allen personellen, sozialen, organisatorischen und sonstigen innerdienstlichen Maßnahmen, die die Angehörigen des öffentlichen Dienstes der Dienststelle insgesamt, Gruppen oder Einzelne von ihnen betreffen oder sich auf sie auswirken. [2] Bei einer Regelung durch Rechtsvorschrift oder einer allgemeinen Regelung der obersten Dienstbehörde (§ 93) entfällt die Mitbestimmung des Personalrats.

(2) [1] Eine Maßnahme ist eine Handlung oder Entscheidung, durch die die Dienststelle in eigener Zuständigkeit eine Regelung trifft, die die Angehörigen des öffentlichen Dienstes nicht nur geringfügig berührt oder innerdienstliche Verhältnisse nicht nur unwesentlich und nicht nur kurzfristig verändert. [2] Keine Maßnahmen sind insbesondere

1.   Handlungen oder Entscheidungen, die eine Maßnahme nur vorbereiten,

2.   Erläuterungen bestehender verbindlicher Regelungen oder

3.   Weisungen an einzelne oder mehrere Angehörige des öffentlichen Dienstes, die die Erledigung dienstlicher Obliegenheiten oder zu leistender Arbeit regeln.

(3) [1] Die in den §§ 87 und 88 genannten mitbestimmungspflichtigen Maßnahmen schließen eine Mitbestimmung bei anderen Maßnahmen von ähnlichem Gewicht nicht aus. [2] Die §§ 87 und 88 regeln die dort aufgeführten Sachverhalte abschließend; ein Rückgriff auf Absatz 1 ist ausgeschlossen.

(4) Eine der Mitbestimmung des Personalrats unterliegende Maßnahme darf nur mit seiner Zustimmung getroffen werden, soweit in diesem Gesetz nichts anderes bestimmt ist.

(5) [1] Der Personalrat kann seine Zustimmung für bestimmte Einzelfälle oder Fallgruppen im Voraus erteilen. [2] Die entsprechenden Fallgruppen werden gemeinsam von der Dienststelle und dem Personalrat festgelegt.

(6) [1] Die Dienststelle unterrichtet den Personalrat von der beabsichtigten Maßnahme einschließlich der diese vorbereitenden Handlungen und beantragt seine Zustimmung; der Antrag ist zu begründen. [2] Der Beschluss des Personalrats ist der Dienststelle innerhalb von zwei Wochen nach dem Eingang des Antrags mitzuteilen und bei Ablehnung der beabsichtigten Maßnahme zu begründen. [3] Die Dienststelle kann die Frist in dringenden Fällen auf eine Woche abkürzen, in den Fällen der §§ 41 und 72 auf drei Wochen verlängern. [4] Die Zustimmung gilt als erteilt, wenn der Personalrat sie nicht innerhalb der Frist nach den Sätzen 2 und 3 schriftlich oder in Textform [19] und aus darzulegenden triftigen Gründen, die im Aufgabenbereich des Personalrates liegen, verweigert. [5] Der Personalrat hat die für ihn maßgeblichen Einwände inhaltlich nachvollziehbar zu benennen. [6] In den Fällen des § 88 Absatz 1 Nummern 1 bis 11, 14 und 22 sowie Absatz 4 Satz 4 hat sich die Begründung ersichtlich auf die beantragte Maßnahme zu beziehen. [7] Bei den darzulegenden Sachgründen ist auf die Argumentation der Dienststelle einzugehen. [8] Den Sachgründen ist gleichgestellt, wenn der Personalrat innerhalb der Frist geltend macht, dass

1. die Maßnahme gegen

    a) eine Bestimmung in einer Rechtsvorschrift,

    b) eine Bestimmung in einem Tarifvertrag,

    c) eine gerichtliche Entscheidung,

    d) eine allgemeine Regelung der obersten Dienstbehörde (§ 93),

    e) eine Dienstvereinbarung oder

    f) eine Unfallverhütungsvorschrift

    verstößt, oder

2.	die begründete Besorgnis besteht, dass durch die Maßnahme die oder der Betroffene oder andere Angehörige des öffentlichen Dienstes benachteiligt werden, ohne dass dies aus dienstlichen oder persönlichen Gründen gerechtfertigt ist, oder

3.	die begründete Besorgnis besteht, dass die oder der Angehörige des öffentlichen Dienstes oder die Bewerberin oder der Bewerber den Frieden in der Dienststelle durch unsoziales oder gesetzwidriges Verhalten stören werde, oder

4.	die begründete Besorgnis besteht, dass das Verfahren, die Begründung und die Form der beabsichtigten Maßnahme nicht den erforderlichen Anforderungen entsprechen.

[9] Ohne eine Begründung nach den Sätzen 6 und 7 oder ein Geltendmachen der Gründe nach Satz 8 Nummern 1 bis 4 gilt die Zustimmung als erteilt.

(7) [1] Beantragt der Personalrat eine der Mitbestimmung unterliegende Maßnahme, hat er sie der Dienststelle vorzuschlagen und den Vorschlag zu begründen; der Antrag ist auch in den Fällen des § 7 Absatz 2 an die Dienststelle zu richten, bei der der Personalrat besteht. [2] Die Dienststelle gibt dem Personalrat innerhalb von zwei Wochen nach dem Eingang des Antrags ihre Entscheidung bekannt oder erteilt, falls eine Entscheidung innerhalb dieser Frist nicht möglich ist, einen Zwischenbescheid. [3] Bei Erteilung eines Zwischenbescheids ist die Entscheidung unverzüglich, spätestens aber innerhalb von zwei Monaten nach dem Ablauf der Frist des Satzes 2 zu treffen. [4] Eine Ablehnung der beantragten Maßnahme und ein Zwischenbescheid sind zu begründen.

(8) Soweit der Personalrat im Zuge der Mitbestimmung nach Absatz 6 oder 7 Beschwerden oder Behauptungen tatsächlicher Art vorträgt, die für Angehörige des öffentlichen Dienstes nachteilig werden können, hat die Dienststelle den Betroffenen Gelegenheit zur Äußerung zu geben; die Äußerungen sind aktenkundig zu machen.

§ 81

Schlichtungsstelle

(1) [1] Kommt es über eine der Mitbestimmung unterliegende Maßnahme zwischen der Dienststelle und dem Personalrat zu keiner Einigung oder erklärt sich die Dienststelle nicht innerhalb der Frist des § 80 Absatz 7 Satz 2 oder 3, kann innerhalb von zwei Wochen nach der Feststellung der Nichteinigung oder dem Ablauf der Frist schriftlich oder in Textform die Schlichtungsstelle angerufen werden. [2] Dienststelle und Personalrat können einvernehmlich im Einzelfall schriftlich oder in Textform auf die Durchführung eines Schlichtungsverfahrens verzichten; § 82 bleibt unberührt. [20]

(2) [1] Die Schlichtungsstelle wird bei der Senatorin oder beim Senator der zuständigen Behörde gebildet und soll innerhalb von zwei Wochen nach ihrer Anrufung tagen. [2] Sie besteht aus der Senatorin oder dem Senator oder einer von ihr oder ihm benannten Stellvertreterin oder einem Stellvertreter, zwei Angehörigen des öffentlichen Dienstes aus dem Geschäftsbereich der Senatorin oder des Senators und drei vom Personalrat benannten Mitgliedern. [3] Der Schlichtungsstelle sollen Frauen und Männer angehören. [4] Den Vorsitz führt die Senatorin oder der Senator. [5] Sie oder er kann im Einzelfall den Vorsitz auf ihre oder seine nach Satz 2 benannte Stellvertreterin oder Stellvertreter übertragen. [6] Die Verhandlung der Schlichtungsstelle ist nicht öffentlich. [7] Die oder der Vorsitzende kann festlegen, dass die Sitzung vollständig oder unter Zuschaltung einzelner Mitglieder der Schlichtungsstelle mittels Video- oder Telefonkonferenz durchgeführt wird, sofern kein Mitglied Einwendungen erhebt. [8] § 36 Absatz 3 Satz 2 Nummern 1 und 2 sowie Satz 3 gilt entsprechend. [21]

(3) Bei dem Senat mit den Senatsämtern, der Bürgerschaft, dem Rechnungshof der Freien und Hansestadt Hamburg, der oder dem Hamburgischen Beauftragten für Datenschutz und Informationsfreiheit [22] sowie bei den juristischen Personen des öffentlichen Rechts, die Personalangelegenheiten nicht als staatliche Auftragsangelegenheiten wahrnehmen, wird eine Schlichtungsstelle nicht gebildet.

(4) Das Ergebnis der Schlichtungsverhandlung ist durch die Vorsitzende oder den Vorsitzenden schriftlich oder in Textform festzustellen und den Beteiligten bekannt zu geben. [23]

§ 82

Einigungsstelle

(1) ¹ Scheitert der Schlichtungsversuch oder wird nach § 81 Absatz 1 Satz 2 oder Absatz 3 eine Schlichtungsstelle nicht gebildet, kann innerhalb von zwei Wochen nach dem Scheitern des Schlichtungsversuchs, der Feststellung der Nichteinigung oder dem Ablauf der Frist nach § 80 Absatz 7 Satz 2 oder 3 schriftlich oder in Textform unter Angabe von Gründen die Einigungsstelle angerufen werden. ² Die Einigungsstelle kann auch angerufen werden, wenn die Schlichtungsstelle nicht innerhalb von zwei Wochen nach der Anrufung getagt hat. [24]

(2) ¹ Die Einigungsstelle wird bei der obersten Dienstbehörde, für die juristischen Personen des öffentlichen Rechts, die Personalangelegenheiten nicht als staatliche Auftragsangelegenheiten wahrnehmen, bei der durch Gesetz, Rechtsverordnung oder Satzung bestimmten Stelle gebildet. ² Sie besteht aus je drei von der in Satz 1 genannten Stelle und dem Personalrat bestellten Beisitzern sowie einer oder einem unparteiischen Vorsitzenden, auf die oder den sich beide Seiten einigen. ³ Der Einigungsstelle sollen Frauen und Männer angehören. ⁴ In Angelegenheiten, die nur eine im Personalrat vertretene Gruppe betreffen, kann der Personalrat die Beisitzer nicht gegen den Willen der Mehrheit dieser Gruppe bestellen. ⁵ Kommt eine Einigung über die oder den Vorsitzenden innerhalb von drei Wochen nach der Anrufung der Einigungsstelle nicht zustande, bestellt die oberste Dienstbehörde sie oder ihn nach der Reihenfolge auf einer zwischen ihr und den Spitzenorganisationen der zuständigen Gewerkschaften und Berufsverbände vereinbarten Liste oder, wenn eine Liste nicht besteht, die Präsidentin oder der Präsident der Bürgerschaft, bei der Bürgerschaft die Präsidentin oder der Präsident des Hamburgischen Verfassungsgerichts. ⁶ Bei den juristischen Personen des öffentlichen Rechts, die Personalangelegenheiten nicht als staatliche Auftragsangelegenheiten wahrnehmen, treten an die Stelle der obersten Dienstbehörde die Stelle im Sinne von Satz 1 und an die Stelle der Spitzenorganisationen der zuständigen Gewerkschaften und Berufsverbände der Personalrat; die Anwendung der Liste nach Satz 5 kann für den Fall der Nichteinigung vereinbart werden. ⁷ Die oder der nach Satz 5 bestellte Vorsitzende darf nicht der Dienststelle angehören, die die Maßnahme beabsichtigt oder deren Personalrat die Maßnahme beantragt hat.

(3) [1] Die oder der Vorsitzende beruft die Einigungsstelle innerhalb von zwei Wochen nach ihrer oder seiner Bestellung zu einer Sitzung ein. [2] Die Sitzung ist nicht öffentlich. [3] Der Dienststelle und dem Personalrat ist Gelegenheit zur mündlichen Äußerung zu geben, wenn sie sich nicht auf eine schriftliche Äußerung oder eine Äußerung in Textform verständigen. [25] [4] Die Dienststelle kann sich durch eine Vertreterin oder einen Vertreter der Arbeitgebervereinigung, der sie angehört, der Personalrat durch eine Beauftragte oder einen Beauftragten einer in ihm vertretenen Gewerkschaft vertreten lassen. [5] Auf Antrag der Mehrheit der Mitglieder der Einigungsstelle können zu einzelnen Punkten sachkundige Personen gehört werden. [6] Die oder der Vorsitzende kann festlegen, dass die Sitzung vollständig oder unter Zuschaltung einzelner Beisitzer mittels Video- oder Telefonkonferenz durchgeführt werden kann, sofern kein Mitglied Einwendungen erhebt. [7] § 36 Absatz 3 Satz 2 Nummern 1 und 2 sowie Satz 3 gilt entsprechend. [26]

(4) [1] Die Einigungsstelle beschließt nach mündlicher Beratung mit Mehrheit. [2] Der Beschluss soll in der ersten Sitzung gefasst werden. [3] Die Einigungsstelle kann den Anträgen der Beteiligten auch teilweise entsprechen. [4] Der Beschluss muss sich im Rahmen der geltenden Rechtsvorschriften halten.

(5) [1] Der Beschluss der Einigungsstelle ist durch die Vorsitzende oder den Vorsitzenden schriftlich oder in Textform festzustellen und zu begründen.".[27] [2] Er ist den Beteiligten unverzüglich bekannt zu geben.

(6) [1] In den Fällen des § 87 Absatz 1 ersetzt der Beschluss der Einigungsstelle die Einigung, soweit nachstehend nichts anderes bestimmt ist. [2] Die oberste Dienstbehörde kann Beschlüsse der Einigungsstelle, die wegen ihrer Auswirkungen auf das Gemeinwesen die Regierungsverantwortung wesentlich berühren, innerhalb einer Woche nach der Bekanntgabe dem Senat zur endgültigen Entscheidung vorlegen. [3] Der oder dem Vorsitzenden der Einigungsstelle ist Gelegenheit zur Stellungnahme zu geben. [4] Die Stellungnahme ist dem Senat zur Kenntnis zu geben. [5] Die endgültige Entscheidung ist zu begründen und den Beteiligten schriftlich oder in Textform bekannt zu geben. [28]

(7) [1] In den Fällen des § 88 Absatz 1 beschließt die Einigungsstelle, wenn sie sich nicht der Auffassung der obersten Dienstbehörde anschließt, eine Empfehlung an den Senat. [2] Dieser entscheidet sodann endgültig. [3] Sätze 1 und 2 gelten entsprechend in den Fällen des § 80 Absatz 3 Satz 1. [4] Im Übrigen gilt Absatz 6 Satz 1 entsprechend. [5] Absatz 6 Sätze 3 bis 5 gilt entsprechend.

(8) [1] In den Fällen der Absätze 6 und 7 tritt bei der Bürgerschaft deren Präsidentin oder Präsident an die Stelle des Senats, im Bereich der oder des Hamburgischen Beauftragten für Datenschutz und Informationsfreiheit entscheidet diese oder dieser an Stelle des Senats. [29] [2] Bei den juristischen Personen des öffentlichen Rechts, die Personalangelegenheiten nicht als staatliche Auftragsangelegenheiten wahrnehmen, tritt in diesen Fällen die Stelle im Sinne von Absatz 2 Satz 1 an die Stelle der obersten Dienstbehörde und das durch Gesetz, Rechtsverordnung oder Satzung bestimmte oberste Organ an die Stelle des Senats. [3] Für den Bereich des Rechnungshofs entscheidet der Senat im Benehmen mit der Präsidentin oder dem Präsidenten des Rechnungshofs.

(9) Die Absätze 2 bis 5 gelten auch in den Fällen des § 46 Absatz 1 Satz 3, § 49 Absatz 4 Satz 4 und Absatz 5 Satz 3, § 50 Absatz 2 Satz 2, § 61 Absatz 3 Satz 2, § 73 Satz 3 und § 74 Satz 3.

§ 83
Vorläufige Regelungen

[1] Die Dienststelle kann bei Maßnahmen, die der Natur der Sache nach keinen Aufschub dulden, bis zur endgültigen Entscheidung vorläufige Regelungen treffen. [2] Der Personalrat ist in diesen Fällen unverzüglich zu unterrichten.

b) Dienstvereinbarungen

§ 84
Zulässigkeit und Verfahren

(1) [1] Dienstvereinbarungen sind zulässig, soweit Rechtsvorschriften nicht entgegenstehen. [2] Arbeitsentgelte und sonstige Arbeitsbedingungen, die durch Tarifvertrag geregelt sind oder üblicherweise geregelt werden, können nur Gegenstand von Dienstvereinbarungen sein, wenn ein Tarifvertrag den Abschluss ergänzender Dienstvereinbarungen ausdrücklich ermöglicht.

(2) [1] Dienstvereinbarungen werden durch die Dienststelle und den Personalrat gemeinsam beschlossen, schriftlich oder in Textform niedergelegt, von beiden Seiten unterzeichnet oder in Textform gebilligt und in der Dienststelle bekannt gegeben. [2] Soweit in ihnen nichts anderes bestimmt ist, bleiben sie wirksam, bis sie durch neue Dienstvereinbarungen ersetzt sind. [30]

(3) Dienstvereinbarungen des Gesamtpersonalrats im Rahmen des § 59 Absatz 4 gehen Dienstvereinbarungen der Personalräte vor.

c) Verwaltungsanordnungen

§ 85
Verfahren

Will die Dienststelle Verwaltungsanordnungen für Angelegenheiten im Sinne der §§ 87 und 88 erlassen, sind sie dem Personalrat rechtzeitig mitzuteilen und mit ihm zu beraten.

d) Durchführung von Entscheidungen

§ 86
Verfahren

(1) Entscheidungen, an denen der Personalrat beteiligt ist, führt die Dienststelle durch, wenn im Einzelfall nichts anderes vereinbart wird.

(2) Der Personalrat darf nicht durch einseitige Handlungen in den Dienstbetrieb eingreifen.

3. Angelegenheiten, an denen der Personalrat zu beteiligen ist

a) Soziale, personelle und sonstige Angelegenheiten

§ 87
Mitbestimmung

(1) Der Personalrat hat insbesondere bei folgenden sozialen und sonstigen innerdienstlichen Maßnahmen mitzubestimmen:

1. Festsetzung von Beginn und Ende der Dienstzeit und der Pausen, Anrechnung von Pausen und von Dienstbereitschaften auf die Dienstzeit, Anordnung von Mehrarbeit oder Überstunden und Kurzarbeit,

2. Aufstellung des Urlaubsplans und Festlegung der zeitlichen Lage des Erholungsurlaubs sowie Ablehnung von Anträgen auf Erholungsurlaub,

3. Regelung der Ordnung in der Dienststelle und des Verhaltens ihrer Angehörigen des öffentlichen Dienstes,

4. Gestaltung der Arbeitsplätze,

5. Fragen der Lohngestaltung, insbesondere Aufstellung von Entlohnungsgrundsätzen, Einführung und Anwendung von neuen Entlohnungsmethoden und deren Änderung sowie Festsetzung von Akkord- und Prämiensätzen und vergleichbaren leistungsbezogenen Entgelten einschließlich der Geldfaktoren,

6. Gewährung von Prämien, Belohnungen und Funktionszulagen,

7. Aufstellung von Grundsätzen für die Bewertung anerkannter Vorschläge im Rahmen des betrieblichen Vorschlagwesens,

8. Festsetzung von Vergütungen für Nebentätigkeiten von Angehörigen des öffentlichen Dienstes für die Freie und Hansestadt Hamburg sowie ihrer Aufsicht unterstehende juristische Personen des öffentlichen Rechts,

9. Gewährung und Ablehnung von Vorschüssen sowie von Unterstützungen und entsprechenden sozialen Zuwendungen,

10. Zuweisung und Kündigung von Wohnungen, über die die Dienststelle verfügt,

11. Zuweisung von Dienst- und Pachtland sowie Festsetzung der Nutzungsbedingungen,

12. Errichtung, Verwaltung und Auflösung von Sozialeinrichtungen ohne Rücksicht auf ihre Rechtsform,

13. Aufstellung eines Sozialplans zum Ausgleich oder zur Milderung wirtschaftlicher Nachteile, die Angehörigen des öffentlichen Dienstes infolge einer Maßnahme nach § 88 Absatz 1 Nummer 30 entstehen,

14. Maßnahmen zur Verhütung von Dienst- oder Arbeitsunfällen, Berufskrankheiten und sonstigen Gesundheitsschädigungen,

15. Abschluss von Arbeitnehmerüberlassungs- und Gestellungsverträgen.

(2) [1] Absatz 1 Nummer 1 gilt nicht für die Verteilung und zeitliche Festsetzung der Unterrichtsstunden, der Funktionsstunden, des flexiblen Unterrichtseinsatzes und der Pausenaufsichtstätigkeiten des pädagogischen Personals an Schulen. [2] Absatz 1 Nummer 6 gilt nicht für Leistungsbezüge nach §§ 32, 39 und 61 Absatz 1 des Hamburgischen Besoldungsgesetzes vom 26. Januar 2010 (HmbGVBl. S. 23) in der jeweils geltenden Fassung.

(3) Muss die Dienstzeit für einen bestimmten Kreis von Angehörigen des öffentlichen Dienstes nach Erfordernissen, die die Dienststelle nicht voraussehen kann, unregelmäßig und kurzfristig festgesetzt werden, beschränkt sich die Mitbestimmung nach Absatz 1 Nummer 1 auf den Abschluss von Dienstvereinbarungen über Grundsätze für die Aufstellung von Dienstplänen.

§ 88

Eingeschränkte Mitbestimmung
und sonstige Beteiligung

(1) Der Personalrat hat insbesondere bei folgenden personellen und organisatorischen Maßnahmen mitzubestimmen:

1. Begründung des Beamtenverhältnisses und Umwandlung des Beamtenverhältnisses in ein solches anderer Art,

2. Einstellung,

3. Übertragung eines anderen Amtes mit

   a) anderem Grundgehalt,

   b) anderer Amtsbezeichnung beim Wechsel der Laufbahngruppe,

4. Eingruppierung und Stufenzuordnung bei Tarifbeschäftigten,

5. Höhergruppierung und Übertragung einer höher zu bewertenden Tätigkeit,

6. Rückgruppierung und Übertragung einer niedriger zu bewertenden Tätigkeit,

7. Versetzung,

8. Abordnung für länger als insgesamt sechs Monate,

9. Zuweisung für länger als insgesamt sechs Monate,

10. Umsetzung zu einer anderen Dienststelle für länger als insgesamt sechs Monate,

11. Umsetzung und Übertragung einer anderen Tätigkeit oder eines anderen Aufgabenbereichs innerhalb der Dienststelle

    a) für länger als insgesamt sechs Monate,

    b) unter Wechsel des Dienstorts einschließlich seines Einzugsgebiets,

12. Ablehnung eines Antrags auf

    a) Teilzeitbeschäftigung und Beurlaubung nach den §§ 62 bis 64 des Hamburgischen Beamtengesetzes,

    b) Teilzeitbeschäftigung und Beurlaubung für Tarifbeschäftigte auf Grund gesetzlicher und tarifvertraglicher Vorschriften, [31]

13. fristgemäße Entlassung einer Beamtin oder eines Beamten auf Probe oder auf Widerruf, wenn sie oder er die Entlassung nicht selbst beantragt hat,

14. ordentliche Kündigung durch die Dienststelle,

15. vorzeitige Versetzung in den Ruhestand und Herabsetzung der Arbeitszeit nach § 41 des Hamburgischen Beamtengesetzes, wenn die Beamtin oder der Beamte sie nicht selbst beantragt hat, und Ablehnung eines Antrags auf vorzeitige Versetzung in den Ruhestand und Herabsetzung der Arbeitszeit nach § 41 des Hamburgischen Beamtengesetzes,

16. Hinausschiebung des Eintritts in den Ruhestand wegen Erreichens der Altersgrenze,

17. Weiterbeschäftigung über die Altersgrenze hinaus,

18. Durchführung der Berufsbildung (Berufsausbildung, berufliche Fort- und Weiterbildung sowie berufliche Umschulung) mit Ausnahme der Gestaltung von Lehrveranstaltungen und der Auswahl von Lehrpersonen,

19. Auswahl von Angehörigen des öffentlichen Dienstes für Maßnahmen der Berufsbildung im Sinne von Nummer 18,

20. Einschränkung und Untersagung einer Nebentätigkeit,

21. Anordnung, die die freie Wahl der Wohnung beschränkt,

22. Erlass einer Disziplinarverfügung durch eine Dienstvorgesetzte oder einen Dienstvorgesetzten oder Ausspruch einer schriftlichen Missbilligung, [32]

22a. Vorlage eines Disziplinarvorgangs bei der obersten Dienstbehörde oder der für Entlassungen zuständigen Stelle gemäß § 31 Satz 1 des Hamburgischen Disziplinargesetzes (HmbDG) vom 18. Februar 2004 (HmbGVBl. S. 69), zuletzt geändert am 22. Januar 2025 (HmbGVBl. S. 166), in der jeweils geltenden Fassung, [33]

22b. Erlass einer Disziplinarverfügung durch die oberste Dienstbehörde oder der für Entlassungen zuständigen Stelle, die nicht auf einer Vorlage nach § 31 Satz 1 HmbDG beruht, [34]

23. Bestimmung des Inhalts von Personalfragebogen,

24. Erlass von Beurteilungsrichtlinien für Arbeitnehmerinnen und Arbeitnehmer, soweit sie von den für Beamtinnen und Beamten geltenden Regelungen abweichen, [35]

25. Verzicht auf die Ausschreibung von Stellen, die besetzt werden sollen,

26. Aufstellung von Grundsätzen für die personelle Auswahl in den Fällen der Nummern 1 bis 3, 5, 6, 7, 13, 14 und 19,

27. Aufstellung von Grundsätzen für die Bewertung von Dienstposten der Beamtinnen und Beamten,

28. Bestellung von Personal- und Vertrauensärztinnen und -ärzten,

29. Geltendmachung von Ersatzansprüchen,

30. Auflösung, Einschränkung, Erweiterung, Verlegung und Zusammenlegung von Dienststellen oder wesentlichen Teilen von ihnen,

31. Einführung grundlegend neuer Arbeitsmethoden,

32. Einführung und Anwendung von technischen Einrichtungen, die das Überwachen des Verhaltens oder der Leistung von Angehörigen des öffentlichen Dienstes ermöglichen,

33. Maßnahmen zur Hebung der Arbeitsleistung und zur Erleichterung des Arbeitsablaufs,

34. Zulassung zum Aufstieg in die höhere Laufbahngruppe,

35. Verlängerung der Probezeit bei Beamtinnen und Beamten,

36. Aufstellung oder wesentliche Änderung von Plänen zur Herstellung der Gleichstellung von Frauen und Männern,

37. Bestellung und Abberufung von behördlichen Datenschutzbeauftragten und Beauftragten der Dienststelle für Fragen der Gleichstellung von Frauen und Männern,

38. Bestellung und Abberufung von behördlichen Fachkräften für Arbeitssicherheit, soweit nicht abschließend gesetzlich geregelt.

(2) Von der Mitbestimmung ausgenommen sind Einzelfallentscheidungen im Besoldungs-, Versorgungs-, Beihilfe-, Reisekosten-, Trennungsgeld- und Umzugskostenrecht, Recht der Heilfürsorge sowie bei der Festsetzung von Vergütung, Lohn oder Entgelt, soweit sie nicht von Absatz 1 erfasst werden.

(3) [1] Absatz 1 Nummern 7 bis 11 gilt nicht für die Angehörigen des Landesamts für Verfassungsschutz, Absatz 1 Nummer 11 nicht für die Angehörigen der Dienststelle Polizei. [2] Absatz 1 Nummern 8 bis 10 gilt für die Angehörigen der Dienststelle Polizei nur auf ihren Antrag, soweit Zeiträume von mehr als zwölf Monaten nicht überschritten werden. [3] Absatz 1 Nummern 8 bis 10 gilt für Angehörige des pädagogischen Personals an Schulen nur auf ihren Antrag. [4] Absatz 1 Nummern 11 und 15 gilt für die Angehörigen des öffentlichen Dienstes nur auf ihren Antrag. [5] Die Dienststelle hat die in den Sätzen 2 bis 4 genannten Angehörigen des öffentlichen Dienstes rechtzeitig vor Erlass der Maßnahme über ihr Antragsrecht zu informieren.

(4) [1] Vor der fristlosen Entlassung einer Beamtin oder eines Beamten, der außerordentlichen Kündigung einer Arbeitnehmerin oder eines Arbeitnehmers und der Beendigung des Arbeitsverhältnisses einer Arbeitnehmerin oder eines Arbeitnehmers während der Probezeit ist der Personalrat anzuhören. [2] Die Dienststelle hat die beabsichtigte Maßnahme zu begründen. [3] Hat der Personalrat Bedenken, hat er sie der Dienststelle unverzüglich, spätestens aber innerhalb von drei Arbeitstagen schriftlich oder in Textform unter Angabe der Gründe mitzuteilen.[36] [4] Für die außerordentliche Kündigung einer nach dem Tarifrecht unkündbaren Arbeitnehmerin oder eines nach dem Tarifrecht unkündbaren Arbeitnehmers gilt Absatz 1 Nummer 14 entsprechend,

wenn bei ordentlicher Kündbarkeit lediglich eine ordentliche Kündigung gerechtfertigt wäre.

(5) Im Rahmen des Absatzes 1 Nummer 18 bestimmen für die in § 11 Absatz 3 genannten Angehörigen des öffentlichen Dienstes nur die dort bezeichneten Personalräte mit.

(6) [1] Bei der

1.	Ausschreibung von Stellen, die besetzt werden sollen,

2.	Bemessung des Personalbedarfs sowie

3.	Aufstellung des Organisations- und des Stellenplans der Dienststelle

gibt die Dienststelle dem Personalrat unter Vorlage von Entwürfen Gelegenheit, innerhalb von zwei Wochen nach Eingang der Entwürfe Stellung zu nehmen. [2] Ergibt sich keine Übereinstimmung, legt die Dienststelle die Entwürfe mit der Stellungnahme des Personalrats grundsätzlich dem zuständigen Mitglied des Senats, bei der Bürgerschaft der Präsidentin oder dem Präsidenten der Bürgerschaft, beim Rechnungshof der Freien und Hansestadt Hamburg der Präsidentin oder dem Präsidenten des Rechnungshofs und bei juristischen Personen des öffentlichen Rechts, die Personalangelegenheiten nicht als staatliche Auftragsangelegenheiten wahrnehmen, der durch Gesetz, Rechtsverordnung oder Satzung bestimmten Stelle im Sinne von § 82 Absatz 2 Satz 1 vor. [3] Ausnahmsweise kann die Vorlage statt an das zuständige Mitglied des Senats an die zuständige Staatsrätin oder den zuständigen Staatsrat oder an die zuständige Leitung der Dienststelle erfolgen.

(7) Absatz 6 Satz 1 Nummer 1 gilt für Angehörige des pädagogischen Personals an Schulen nur für die Beförderungsstellen über dem Einstiegsamt, die nicht Funktionsstellen nach dem Hamburgischen Schulgesetz vom 16. April 1997 (HmbGVBl. S. 97), zuletzt geändert am 28. Januar 2014 (HmbGVBl. S. 37), in der jeweils geltenden Fassung, sind.

(8) Vorentwurfspläne und Entwurfspläne für Neu-, Um- und Erweiterungsbauten der Dienststelle sowie für Arbeits- und Aufenthaltsräume sind vor der Einreichung bei der zuständigen Stelle mit dem Personalrat zu beraten.

§ 89

Ausnahmen

(1) [1] § 88 Absatz 1 Nummern 1 bis 24, 26, 27 und Absatz 4 gilt für die Angehörigen des öffentlichen Dienstes, die nach § 8 für die Dienststelle handeln oder zu selbstständigen Entscheidungen in Angelegenheiten der Dienststelle im Sinne des § 88 Absatz 1 Nummern 1 bis 27 und Absatz 4 befugt sind, nur auf ihren Antrag. [2] Die Dienststelle hat die Betroffenen rechtzeitig vor Erlass der Maßnahme über ihr Antragsrecht zu informieren. [3] § 88 Absatz 1 Nummer 25 und Absatz 6 Satz 1 Nummer 1 gilt nicht. [37]

(2) § 88 Absatz 1 Nummern 1 bis 27, Absatz 4 und Absatz 6 Satz 1 Nummer 1 gilt nicht für [38]

1. die Beamtenstellen der Bundesbesoldungsordnung B und der Landesbesoldungsordnung B sowie die jeweils vergleichbaren Stellen der Staatsanwältinnen, Staatsanwälte, Berufsrichterinnen und Berufsrichter sowie der Arbeitnehmerinnen und Arbeitnehmer,

2. die Berufung von Professorinnen, Professoren, Juniorprofessorinnen, Juniorprofessoren, Hochschuldozentinnen und Hochschuldozenten,

3. die Stelle der Leiterin oder des Leiters der Akademie der Polizei Hamburg,

4. die Stelle der Leiterin oder des Leiters der Norddeutschen Akademie für Finanzen und Steuerrecht Hamburg,

5. Angehörige des öffentlichen Dienstes mit Generalvollmacht oder Prokura für selbstständige Betriebseinheiten juristischer Personen des öffentlichen Rechts, die Personalangelegenheiten nicht als staatliche Auftragsangelegenheiten wahrnehmen.

b) Prüfungen und Auswahlverfahren

§ 90
Beratende Mitwirkung

(1) Ein beauftragtes Mitglied des zuständigen Personalrats kann bei

1. Prüfungen, die eine Verwaltungseinheit von Angehörigen des öffentlichen Dienstes der in § 1 Absatz 1 genannten Verwaltungen und Gerichte abnimmt,

2. Auswahlverfahren einer Dienststelle, denen Angehörige des öffentlichen Dienstes nach Nummer 1 sich zu unterziehen haben, und

3. Vorstellungsgesprächen und Auswahlverfahren einer Dienststelle, denen Bewerberinnen und Bewerber um Neueinstellung sich zu unterziehen haben,

der Prüfungs- oder Auswahlkommission mit beratender Stimme angehören.

(2) [1] Absatz 1 Nummer 1 gilt bei Prüfungen im Rahmen des Berufsbildungsgesetzes nur, wenn die zuständige Stelle für die Berufsbildung nach § 73 Absatz 2 des Berufsbildungsgesetzes in der jeweils geltenden Fassung zu bestimmen ist. [2] Absatz 1 Nummer 1 gilt nicht für Hochschulprüfungen und außer in den Fällen, in denen sie eine Laufbahnbefähigung vermitteln, nicht für Staatsprüfungen, mit denen ein Hochschulstudium abgeschlossen wird.

(3) Absatz 1 Nummern 2 und 3 gilt nicht bei Auswahlverfahren für Professorinnen, Professoren, Juniorprofessorinnen, Juniorprofessoren, Hochschuldozentinnen, Hochschuldozenten und Präsidiumsmitglieder der Hochschulen.

c) Arbeitsschutz und Unfallverhütung

§ 91
Beteiligung

(1) Der Personalrat hat die für den Arbeitsschutz zuständigen Behörden, die Träger der gesetzlichen Unfallversicherung und die sonstigen in Betracht kommenden Stellen bei der Bekämpfung von Unfall- und Gesundheitsgefahren durch Anregung, Beratung und Auskunft zu unterstützen und sich für

die Durchführung der Vorschriften über den Arbeitsschutz und die Unfallverhütung in der Dienststelle einzusetzen.

(2) [1] Die Dienststelle und die in Absatz 1 genannten Stellen haben den
Personalrat oder die von ihm beauftragten Mitglieder bei allen im Zusam-
menhang mit dem Arbeitsschutz und der Unfallverhütung stehenden Fragen
einschließlich aller Besichtigungen sowie bei Unfalluntersuchungen hinzuzuziehen. [2] Die Dienststelle hat dem Personalrat unverzüglich die den Arbeitsschutz und die Unfallverhütung betreffenden Auflagen und Anordnungen
der in Absatz 1 genannten Stellen mitzuteilen.

(3) An den Besprechungen der Dienststelle mit den Sicherheitsbeauf-
tragten nach § 22 des Siebten Buches Sozialgesetzbuch vom 7. August 1996
(BGBl. I S. 1254), zuletzt geändert am 19. Oktober 2013 (BGBl. I S. 3836, 3845),
oder dem entsprechend § 11 des Gesetzes über Betriebsärzte, Sicherheitsinge-
nieure und andere Fachkräfte für Arbeitssicherheit vom 12. Dezember 1973
(BGBl. I S. 1885), zuletzt geändert am 20. April 2013 (BGBl. I S. 868, 914), in
der jeweils geltenden Fassung gebildeten Arbeitsschutzausschuss nehmen
die vom Personalrat beauftragten Mitglieder teil.

(4) Der Personalrat erhält die Niederschrift über Besichtigungen, Unter-
suchungen und Besprechungen, zu denen er nach den Absätzen 2 und 3 hinzuzuziehen ist.

(5) [1] Die Dienststelle hat dem Personalrat ihre Dienstunfallberichte oder
Unfallanzeigen und die Krankenstatistiken zur Kenntnisnahme zu übermitteln sowie ihm Abschriften, Ablichtungen oder Ausdrucke zu überlassen. [39]
[2] § 193 Absatz 5 des Siebten Buches Sozialgesetzbuch bleibt unberührt.

Abschnitt VII

Beteiligung des Gesamtpersonalrats

§ 92

Mitbestimmung und sonstige Beteiligung

Für die Beteiligung des Gesamtpersonalrats im Rahmen des § 59 Absatz 4 gilt Abschnitt VI entsprechend.

Abschnitt VIII

Allgemeine Regelungen der obersten Dienstbehörde

§ 93

Vereinbarungen mit den Spitzenorganisationen der Gewerkschaften und Berufsverbände

(1) [1] In den Fällen, in denen das Recht des Personalrats auf Mitbestimmung durch eine allgemeine Regelung der obersten Dienstbehörde eingeschränkt ist oder eingeschränkt werden soll, ist die allgemeine Regelung mit den Spitzenorganisationen der zuständigen Gewerkschaften und Berufsverbände schriftlich oder in Textform verbindlich zu vereinbaren; die Vereinbarung kann durch den Senat ganz oder teilweise aufgehoben werden. [2] § 93 des Hamburgischen Beamtengesetzes bleibt unberührt. [40]

(2) [1] Anzustreben ist eine einvernehmliche, sachgerechte Einigung. [2] Kommt eine allgemeine Regelung nicht zustande, kann sie abweichend von Absatz 1 durch den Senat getroffen werden, nachdem die oberste Dienstbehörde oder die beteiligten Spitzenorganisationen die Verhandlungen unter Angabe der hierfür maßgeblichen Gründe schriftlich oder in Textform für gescheitert erklärt haben. [3] Die oberste Dienstbehörde kann allgemeine Regelungen, die keinen Aufschub dulden, bis zum Abschluss einer Vereinbarung nach Absatz 1 vorläufig treffen. [41]

(3) Vereinbarungen nach den Absätzen 1 und 2 gelten für die Hamburgische Beauftragte oder den Hamburgischen Beauftragten für Datenschutz und Informationsfreiheit nur, wenn sie bzw. er dies für die Behörde angeordnet hat. [42]

$ 94

Einvernehmen mit der Präsidentin oder dem
Präsidenten der Bürgerschaft

Nach § 93 mit den Spitzenorganisationen der Gewerkschaften und Berufsverbände zu vereinbarende allgemeine Regelungen der obersten Dienstbehörde, über die das Personalamt Einvernehmen mit der Präsidentin oder
dem Präsidenten der Bürgerschaft als oberster Dienstbehörde herstellt, gelten
auch für die in der Bürgerschaft beschäftigten Angehörigen des öffentlichen
Dienstes.

§ 95

Mitbestimmung des Personalrats

Die Einschränkung des § 80 Absatz 1 Satz 2 bei allgemeinen Regelungen
der obersten Dienstbehörde ist nicht anzuwenden auf

1. den Personalrat bei der Bürgerschaft, wenn das Einvernehmen mit der
    Präsidentin oder dem Präsidenten der Bürgerschaft nach § 94 nicht her-
    gestellt worden ist,

2. die Personalräte bei den juristischen Personen des öffentlichen Rechts,
    die Personalangelegenheiten nicht als staatliche Auftragsangelegenhei-
    ten wahrnehmen,

3. den Personalrat bei der oder dem Hamburgischen Beauftragten für Da-
    tenschutz und Informationsfreiheit, wenn keine Anordnung nach § 93
    Absatz 3 erfolgt ist. [43]

Abschnitt IX

Beteiligung der Jugend- und Auszubildendenvertretung

§ 96
Aufgaben

(1) Die Jugend- und Auszubildendenvertretung hat die allgemeinen Aufgaben,

1. Maßnahmen, insbesondere in Angelegenheiten der Berufsbildung im Sinne des § 88 Absatz 1 Nummer 18, beim Personalrat zu beantragen, die der Dienststelle und ihren Jugendlichen und Auszubildenden dienen,

2. darauf hinzuwirken, dass die zugunsten der Jugendlichen und Auszubildenden geltenden Rechtsvorschriften, Dienstvereinbarungen und Verwaltungsanordnungen durchgeführt werden,

3. Beschwerden und Anregungen von Jugendlichen und Auszubildenden entgegenzunehmen und, falls sie begründet erscheinen, durch Verhandlung mit dem Personalrat auf die Erledigung der Beschwerden und die Berücksichtigung der Anregungen hinzuwirken.

(2) [1] Die Jugend- und Auszubildendenvertretung ist zur Wahrnehmung ihrer Aufgaben vom Personalrat rechtzeitig und umfassend zu unterrichten. [2] Ihr sind die erforderlichen Unterlagen zu übermitteln. [44] [3] Personalakten dürfen nur mit Zustimmung der oder des Jugendlichen oder Auszubildenden und nur durch ein von ihr oder ihm bestimmtes Mitglied der Jugend- und Auszubildendenvertretung eingesehen werden.

(3) Die Jugend- und Auszubildendenvertretung kann beim Personalrat beantragen, Angelegenheiten, die besonders Jugendliche und Auszubildende betreffen und über die sie beraten hat, auf die Tagesordnung für die nächste Sitzung des Personalrats zu setzen.

(4) § 76 Absatz 1, Absatz 2 Sätze 4 und 5 und Absätze 3 bis 7, § 77 sowie § 78 Absätze 5 und 6 gelten entsprechend.

Abschnitt X

Vorschriften für den Verfassungsschutz und für Verschlusssachen

§ 97
Verfassungsschutz

Für das Landesamt für Verfassungsschutz gilt dieses Gesetz mit folgenden Abweichungen:

1. Nicht anzuwenden sind § 24 Absatz 2, § 36 Absatz 4 Nummer 1 und Absatz 4 sowie § 56 Absatz 3. [45]

2. § 9 Absatz 2 Satz 1 Nummer 2 ist mit der Maßgabe anzuwenden, dass die Schweigepflicht nur auf Beschluss des Personalrats entfällt.

3. § 24 Absatz 3 Satz 2 gilt in folgender Fassung: „Der Dienststelle ist eine Abschrift der Wahlniederschrift zu übersenden."

4. § 41 Absatz 1 Satz 2 gilt in folgender Fassung: "Innerhalb der Frist soll versucht werden, eine Verständigung zu erzielen."

5. Im Rahmen der Nummern 1, 3 und 4 sind die Vorschriften über das Zusammenwirken mit den Gewerkschaften und Vereinigungen der Arbeitgeber in § 2 Absatz 1 sowie über die enge Zusammenarbeit mit den Gewerkschaften in § 76 Absatz 1 nicht anzuwenden.

6. Das Landesamt für Verfassungsschutz kann nach Anhörung des Personalrats bestimmen, dass Angehörige des öffentlichen Dienstes nicht an Personalversammlungen teilnehmen, wenn dies wegen ihrer dienstlichen Aufgaben dringend geboten ist.

7. An die Stelle des § 81 und des § 82 tritt folgende Regelung: Kommt es über eine der Mitbestimmung unterliegende Maßnahme zwischen dem Landesamt für Verfassungsschutz und dem Personalrat zu keiner Einigung, entscheidet nach Anhörung des Personalrats die zuständige Senatorin oder der zuständige Senator.

$ 98

Verschlusssachen

(1) [1] Soweit Angelegenheiten, an denen ein Personalrat oder Gesamtpersonalrat zu beteiligen ist, als Verschlusssachen mindestens des Geheimhaltungsgrads „VS-Vertraulich" eingestuft sind, tritt an seine Stelle ein Ausschuss. [2] Dem Ausschuss gehört höchstens je eine oder ein in entsprechender Anwendung des § 33 Absatz 2 gewählte Vertreterin oder gewählter Vertreter der im Personalrat oder Gesamtpersonalrat vertretenen Gruppen an. [3] Die Mitglieder des Ausschusses müssen nach den dafür geltenden Bestimmungen ermächtigt sein, Kenntnis von Verschlusssachen des in Betracht kommenden Geheimhaltungsgrads zu erhalten.

(2) Die Mitglieder der Schlichtungsstelle und der Einigungsstelle müssen Mitglieder des Ausschusses nach Absatz 1 oder nach den dafür geltenden Bestimmungen ermächtigt sein, Kenntnis von Verschlusssachen des in Betracht kommenden Geheimhaltungsgrads zu erhalten.

(3) [1] § 36 Absätze 4 und 5, § 41 Absatz 1 Satz 2 wegen der Beteiligung der Gewerkschaften, § 42 und § 82 Absatz 3 Satz 4 gelten nicht. [2] Angelegenheiten, die als Verschlusssachen mindestens des Geheimhaltungsgrads „VS-Vertraulich" eingestuft sind, dürfen in der Personalversammlung nicht behandelt werden. [46]

(4) [1] Die zuständige Senatorin oder der zuständige Senator oder die oberste Dienstbehörde kann anordnen, dass dem Ausschuss, der Schlichtungsstelle und der Einigungsstelle Unterlagen nicht vorgelegt und Auskünfte nicht erteilt werden dürfen, soweit dies zur Vermeidung von Nachteilen für das Wohl der Bundesrepublik Deutschland oder eines ihrer Länder oder auf Grund internationaler Verpflichtungen geboten ist. [2] In Verfahren nach § 99 sind die gesetzlichen Voraussetzungen für die Anordnung glaubhaft zu machen.

Abschnitt XI

Gerichtliche Entscheidungen

§ 99

Zuständigkeit der Verwaltungsgerichte

(1) Die Verwaltungsgerichte, im dritten Rechtszug das Bundesverwaltungsgericht, entscheiden außer in den Fällen des § 107 Satz 2 in Verbindung mit § 9 und des § 108 Absatz 1 des Bundespersonalvertretungsgesetzes (§ 52 Absatz 2 und § 53 dieses Gesetzes) sowie den §§ 27 und 29 sowie des § 30 Absatz 1 Nummer 7 dieses Gesetzes über

1. das Wahlrecht,

2. die Wahl, die Zusammensetzung und die Amtszeit der Personalvertretungen,

3. die Zuständigkeit und die Geschäftsführung der Personalvertretungen sowie die Rechtsstellung ihrer Mitglieder,

4. die Vereinbarkeit von Beschlüssen der Einigungsstelle mit den Rechtsvorschriften,

5. das Bestehen oder Nichtbestehen von Dienstvereinbarungen.

(2) Die Vorschriften des Arbeitsgerichtsgesetzes über das Beschlussverfahren gelten entsprechend.

§ 100

Fachkammern und Fachsenate

(1) [1] Für die nach diesem Gesetz zu treffenden Entscheidungen ist beim Verwaltungsgericht Hamburg eine Fachkammer, beim Hamburgischen Oberverwaltungsgericht ein Fachsenat zu bilden. [2] Bei Bedarf können mehrere Fachkammern oder Fachsenate gebildet werden.

(2) [1] Die Fachkammer und der Fachsenat bestehen aus einer Berufsrichterin oder einem Berufsrichter als Vorsitzender oder Vorsitzendem und ehrenamtlichen Richterinnen und Richtern. [2] Die ehrenamtlichen Richterinnen und Richter müssen Angehörige des öffentlichen Dienstes der in § 1 Absatz 1

genannten Verwaltungen oder Gerichte sein. [3] Sie werden durch den Senat oder die von ihm bestimmte Stelle je zur Hälfte auf Vorschlag

1.   der unter den Angehörigen des öffentlichen Dienstes vertretenen Gewerkschaften,

2.   der in § 1 Absatz 1 genannten Verwaltungen und Gerichte berufen.

[4] Für die Berufung und die Stellung der ehrenamtlichen Richterinnen und Richter sowie ihre Heranziehung zu den Sitzungen gelten die Vorschriften des Arbeitsgerichtsgesetzes über ehrenamtliche Richterinnen und Richter entsprechend.

(3) [1] Die Fachkammer und der Fachsenat werden in der Besetzung mit einer Berufsrichterin oder einem Berufsrichter als Vorsitzender oder Vorsitzendem und je zwei nach Absatz 2 Satz 3 Nummern 1 und 2 berufenen ehrenamtlichen Richterinnen und Richtern tätig. [2] Unter den in Absatz 2 Satz 3 Nummer 1 genannten ehrenamtlichen Richterinnen und Richtern muss sich je eine Beamtin oder ein Beamter und eine Arbeitnehmerin oder ein Arbeitnehmer befinden.

Abschnitt XII

Schlussvorschriften

§ 101

Gemeinsame Einrichtungen

Das Personalvertretungsrecht für gemeinsame Einrichtungen im Sinne des Artikels 2 Absatz 2 der Verfassung bleibt besonderer Regelung überlassen.

§ 102

Kirchen und Religionsgesellschaften

Dieses Gesetz gilt nicht für die Kirchen und die Religionsgesellschaften sowie ihre karitativen und erzieherischen Einrichtungen ohne Rücksicht auf ihre Rechtsform; ihnen bleibt die selbständige Ordnung eines Personalvertretungsrechts überlassen.

§ 103

Geltung von Vorschriften über Betriebsräte

[1] Vorschriften in anderen Gesetzen, die den Betriebsräten Aufgaben oder Befugnisse übertragen, gelten für die nach diesem Gesetz zu bildenden Personalvertretungen entsprechend. [2] Dies gilt nicht für Vorschriften, die die Betriebsverfassung oder die Mitbestimmung regeln.

§ 104

Ermächtigung zum Erlass einer Rechtsverordnung

Der Senat wird ermächtigt, zur Regelung der in den §§ 11 bis 27 und 60 bis 69 genannten Wahlen durch Rechtsverordnung Vorschriften zu erlassen über

1. die Vorbereitung der Wahl, insbesondere die Aufstellung des Wählerverzeichnisses sowie die Errechnung der Mitgliederzahl und der Verteilung der Sitze,

2. die Frist für die Einsichtnahme in das Wählerverzeichnis und die Erhebung von Einsprüchen,

3. die Wahlausschreiben und die Fristen für ihre Bekanntmachung,

4. die Wahlvorschläge und die Fristen für ihre Einreichung,

5. die Wahlhelferinnen und Wahlhelfer,

6. die Stimmabgabe,

7. die Feststellung des Wahlergebnisses und die Fristen für seine Bekanntmachung,

8. die Aufbewahrung der Wahlakten.

§ 105

Übergangsvorschrift [47]

Für Disziplinarverfahren, auf die gemäß § 91a HmbDG weiterhin das Hamburgische Disziplinargesetz in der am 31. März 2025 geltenden Fassung

anzuwenden ist, ist § 88 Absatz 1 Nummer 22 in der am 31. März 2025 geltenden Fassung anzuwenden; § 88 Absatz 1 Nummern 22a und 22b findet in diesen Fällen keine Anwendung.

<u>Anmerkungen</u>

[1] Erlassen als Artikel 1 des Gesetzes zur Neuregelung des Hamburgischen Personalvertretungsrechts vom 8. Juli 2014, Hamburgisches Gesetz- und Verordnungsblatt
(HmbGVBl.) Nr. 39 vom 25. Juli 2014, Seite 299. Das Gesetz ist am 1. September 2014
in Kraft getreten. Bisherige Änderungen (Stand: April 2025):

- § 11 Absatz 5 durch Artikel 2 des Vierten Gesetzes zur Änderung des Gesetzes
über Verwaltungsbehörden und anderer Gesetze vom 3. Juni 2015 (HmbGVBl. S.
108), siehe auch Bürgerschafts-Drucksache 21/520 vom 19.05.2015

- §§ 6, 81, 82, 93, 95 durch Artikel 5 des Gesetzes zur weiteren Stärkung der Unabhängigkeit des Hamburgischen Beauftragten für Datenschutz und Informationsfreiheit vom 20. Dezember 2016 (HmbGVBl. S. 570, 572), siehe auch
Bürgerschafts-Drucksache 21/7240 vom 13.12.2016

- §§ 78, 91, 96 geändert durch Artikel 2 des Gesetzes zur Änderung dienstrechtlicher Vorschriften zur Anpassung an die Datenschutz-Grundverordnung vom
18. Mai 2018 (HmbGVBl. S. 179, 181), siehe auch Bürgerschaftsdrucksache
21/12393 vom 20.03.2018

- §§ 11, 89 geändert durch Artikel 6 des Zwölften Gesetzes zur Änderung dienstrechtlicher Vorschriften vom 19. Dezember 2019 (HmbGVBl. S. 527, 530), siehe
auch Bürgerschaftsdrucksache 21/18658 vom 15.10.2019

- § 11 geändert durch Artikel 2 des Gesetzes zur Änderung des Gesetzes über Verwaltungsbehörden und des Hamburgischen Personalvertretungsgesetzes vom
26. Juni 2020 (HmbGVBl. S. 363), siehe auch Bürgerschaftsdrucksache 22/564 vom
16.06.2020

- §§ 36, 38, 97, 98 geändert durch Artikel 5 des Gesetzes zur Besoldungs- und Beamtenversorgungsanpassung 2022 und zur Aufhebung personalvertretungsrechtlicher Sonderregelungen vom 11. Oktober 2022 (HmbGVBl. S. 533, 535) siehe
auch Bürgerschaftsdrucksache 22/ 8848 vom 12.07.2022

- § 12 geändert durch Artikel 3 des Gesetzes zur Umsetzung der Reform des Vormundschafts- und Betreuungsrechts vom 20. Dezember 2022 (HmbGVBl. S. 659, 661) siehe auch Bürgerschaftsdrucksache 22/9603 vom 11.10.2022

- § 77 geändert durch Artikel 1 des Gesetzes zur Ersetzung des Begriffs „Rasse" im Hamburgischen Landesrecht vom 3. Mai 2023 (HmbGVBl. S. 193), siehe auch Bürgerschaftsdrucksache 22/9131 vom 23.08.2022

- § 2, 12, 43, 50, 56, 80, 81, 82, 84, 88, 93 geändert durch Artikel 3 des Dreizehnten Gesetzes zur Änderung dienstrechtlicher Vorschriften vom 19. November 2024 (HmbGVBl. S. 594, 599) siehe auch Bürgerschaftsdrucksache 22/15945 vom 06.08.2024

- Inhaltsübersicht und § 88 geändert sowie § 105 angefügt durch Artikel 3 des Gesetzes zur Änderung disziplinarrechtlicher Vorschriften vom 22. Januar 2025 (HmbGVBl. S. 166, 173), siehe auch Bürgerschaftsdrucksache 22/16348 vom 24.09.2024

2   Die Inhaltsübersicht wurde im Abschnitt Schlussvorschriften geändert durch die Einfügung des § 105: „Übergangsvorschrift". Die Änderung erfolgte durch Artikel 3 Nummer 1 des Gesetzes zur Änderung disziplinarrechtlicher Vorschriften vom 22. Januar 2025 (HmbGVBl. S. 166, 173)

3   In § 2 Absatz 2 wurde durch Artikel 3 Nummer 1 des Dreizehnten Gesetzes zur Änderung dienstrechtlicher Vorschriften vom 19. November 2024 (HmbGVBl. S. 594, 599) folgender Satz angefügt: „Auf Verlangen einer Gewerkschaft oder einer Vereinigung der Arbeitgeber hat die Dienststelle in ihr Intranet einen Verweis auf den Internetauftritt der Gewerkschaft oder der Arbeitgebervereinigung aufzunehmen."

4   § 6 Absatz 1 Nummer 15 wurde eingefügt durch Artikel 5 Nummer 1 des Gesetzes zur weiteren Stärkung der Unabhängigkeit des Hamburgischen Beauftragten für Datenschutz und Informationsfreiheit vom 20. Dezember 2016 (HmbGVBl. S. 570, 572)

5   Die vorherige Fassung des § 11 Absatz 3 Nummer 1 „1. beim Personalamt für Beamtinnen, Beamte, Arbeitnehmerinnen und Arbeitnehmer im Vorbereitungsdienst und andere Angehörige des öffentlichen Dienstes in einem öffentlich-rechtlichen Ausbildungsverhältnis für die Laufbahn Allgemeine Dienste der Laufbahngruppe 1 und der Laufbahngruppe 2 mit den Ämtern ab dem ersten Einstiegsamt sowie für Auszubildende zur Verwaltungsfachangestellten oder zum Verwaltungsfachangestellten," wurde durch Artikel 6 Nummer 1 des Zwölften Gesetzes zur Änderung dienstrechtlicher Vorschriften vom 19. Dezember 2019 (HmbGVBl. 527, 530) geändert in: „1. beim Personalamt für die dort beschäftigten Beamtinnen, Beamten, Arbeitnehmerinnen und Arbeitnehmer im Vorbereitungsdienst und andere Angehörige des öffentlichen Dienstes in einem öffentlich-rechtlichen Ausbildungsverhältnis für die Laufbahngruppe 1 und die Laufbahngruppe 2 mit den Ämtern

ab dem ersten Einstiegsamt sowie für Auszubildende zur Verwaltungsfachangestellten oder zum Verwaltungsfachangestellten,"

6 Die vorherige Fassung des § 11 Absatz 3 Nummer 2 „2. bei der Finanzbehörde für den der Nummer 1 entsprechenden Personenkreis in der Ausbildung für den Steuerverwaltungsdienst," wurde durch Artikel 6 Nummer 1 des Zwölften Gesetzes zur Änderung dienstrechtlicher Vorschriften vom 19. Dezember 2019 (HmbGVBl. 527, 530) geändert in: „2. bei der Finanzbehörde für Beamtinnen, Beamte, Arbeitnehmerinnen und Arbeitnehmer im Vorbereitungsdienst und andere Angehörige des öffentlichen Dienstes in einem öffentlich-rechtlichen Ausbildungsverhältnis für die Laufbahn Steuer der Laufbahngruppe 1 und der Laufbahngruppe 2 mit den Ämtern ab dem ersten Einstiegsamt,"

7 Die ursprüngliche Formulierung in § 11 Absatz 5 „Behörde für Justiz und Gleichstellung" wurde durch Artikel 2 des Vierten Gesetzes zur Änderung des Gesetzes über Verwaltungsbehörden und anderer Gesetze vom 3. Juni 2015 (HmbGVBl. S. 108) ersetzt durch „Justizbehörde". Das Wort „Justizbehörde" wurde sodann durch Artikel 2 des Gesetzes zur Änderung des Gesetzes über Verwaltungsbehörden und des Hamburgischen Personalvertretungsgesetzes vom 26. Juni 2020 (HmbGVBl. 363) ersetzt durch die Bezeichnung „Behörde für Justiz und Verbraucherschutz".

8 Die ursprüngliche Fassung von § 12 Absatz 2: „(2) Wahlberechtigt sind nicht Angehörige des öffentlichen Dienstes, die länger als sechs Monate ohne Bezüge oder Arbeitsentgelt beurlaubt sind." wurde durch Artikel 3 Nummer 2 des Dreizehnten Gesetzes zur Änderung dienstrechtlicher Vorschriften vom 19. November 2024 (HmbGVBl. S. 594, 599) ersetzt durch die Fassung „(2) Wahlberechtigt sind nicht Angehörige des öffentlichen Dienstes, die länger als zwölf Monate beurlaubt sind oder deren Beurlaubung noch länger als zwölf Monate andauert."

9 In der ursprünglichen Fassung des § 12 Absatz 3 Nummer 2 wurde durch Artikel 3 des Gesetzes zur Umsetzung der Reform des Vormundschafts- und Betreuungsrechts vom 20. Dezember 2022 (HmbGVBl. S. 659, 661) die Textstelle „§ 1896 Absatz 4 und § 1905" durch die Textstelle „§ 1815 Absatz 2 Nummern 5 und 6 sowie § 1830" ersetzt.

10 Artikel 11 des Gesetzes zur Neuregelung des Hamburgischen Personalvertretungsrechts vom 8. Juli 2014, HmbGVBl. 2014, 299, 326 (Schlussbestimmungen) regelt, dass die nach den bis zum 1. September 2014 geltenden Vorschriften gewählten Personalräte im Amt bleiben. Auf die am 1. Juli 2014 bestehenden Personalräte an den hamburgischen Hochschulen und wissenschaftlichen Einrichtungen finden hinsichtlich der Wahlzeiten und der regelmäßigen Amtszeiten die § 18 Absatz 1, § 27 Absatz 1, § 57 Absatz 1 und § 58 Absatz 1 des Hamburgischen Personalvertre-

tungsgesetzes in der am 31. August 2014 geltenden Fassung Anwendung. Im Übrigen gelten für die genannten Personalräte die Vorschriften des HmbPersVG vom 8. Juli 2014.

11 § 36 Absatz 3 „(3) Die Sitzungen des Personalrates finden in der Regel als Präsenzsitzung in Anwesenheit seiner Mitglieder vor Ort statt. Der Personalrat kann im Einzelfall durch Beschluss oder allgemein in seiner Geschäftsordnung nach § 45 festlegen, dass Sitzungen vollständig oder unter Zuschaltung einzelner Personalratsmitglieder mittels Video- oder Telefonkonferenz durchgeführt werden können, wenn 1. vorhandene Einrichtungen genutzt werden, die durch die Dienststelle zur dienstlichen Nutzung freigegeben sind und 2. der Personalrat geeignete organisatorische Maßnahmen trifft, um sicherzustellen, dass Dritte vom Inhalt der Sitzung keine Kenntnis nehmen können. Eine Aufzeichnung ist unzulässig. Personalratsmitglieder, die mittels Video- oder Telefonkonferenz an Sitzungen teilnehmen, gelten als anwesend im Sinne des § 39 Absatz 2 Satz 1. § 43 Absatz 1 Satz 3 findet mit der Maßgabe Anwendung, dass die oder der Vorsitzende die zugeschalteten Personalratsmitglieder feststellt und in die Anwesenheitsliste einträgt. Das Recht eines Personalratsmitglieds auf Teilnahme an der Sitzung vor Ort bleibt durch die Durchführung der Sitzung mittels Video- oder Telefonkonferenz unberührt." wurde neu eingefügt durch Artikel 5 Nummer 1 des Gesetzes zur Besoldungs- und Beamtenversorgungsanpassung 2022 und zur Aufhebung personalvertretungsrechtlicher Sonderregelungen vom 11. Oktober 2022 (HmbGVBl. S. 533, 535). Die bisherigen Absätze 3 und 4 wurden Absätze 4 und 5.

12 In § 38 Absatz 1 Satz 1 und Absatz 2 wurde durch Artikel 5 Nummer 2 des Gesetzes zur Besoldungs- und Beamtenversorgungsanpassung 2022 und zur Aufhebung personalvertretungsrechtlicher Sonderregelungen vom 11. Oktober 2022 (HmbGVBl. S. 533, 535) jeweils die Textstelle „§ 36 Absatz 3" durch die Textstelle „§ 36 Absatz 4" ersetzt.

13 In § 43 wurden durch Artikel 3 Nummer 3 des Dreizehnten Gesetzes zur Änderung dienstrechtlicher Vorschriften vom 19. November 2024 (HmbGVBl. S. 594, 599) in Absatz 2 Satz 2 – in dem Einwendungen gegen die Niederschrift geregelt sind - hinter dem Wort „schriftlich" die Wörter „oder in Textform" eingefügt.

14 In § 50 wurde durch Artikel 3 Nummer 4 des Dreizehnten Gesetzes zur Änderung dienstrechtlicher Vorschriften vom 19. November 2024 (HmbGVBl. S. 594, 599) in Absatz 2 Satz 2 hinter den Wörtern „notwendig ist" die Textstelle „; Absatz 1 Satz 2 zweiter Halbsatz gilt entsprechend" eingefügt.

15 In § 56 Absatz 1 wurden durch Artikel 3 Nummer 5 des Dreizehnten Gesetzes zur Änderung dienstrechtlicher Vorschriften vom 19. November 2024 (HmbGVBl. S. 594, 599) folgende Sätze 2 bis 4 angefügt: „Der Personalrat kann die Personalversammlung im Einvernehmen mit der Leiterin oder dem Leiter der Dienststelle mittels Videokonferenz in Nebenstellen oder Teile der Dienststelle übertragen. § 36

Absatz 3 Satz 2 Nummern 1 und 2 sowie Satz 3 gilt entsprechend. Die Möglichkeit zur Durchführung von Teilversammlungen bleibt unberührt."

16 In der ursprünglichen Fassung des § 77 wurde durch Artikel 1 des Gesetzes zur Ersetzung des Begriffs „Rasse" im Hamburgischen Landesrecht vom 3. Mai 2023 (HmbGVBl. S. 193) die Textstelle „der Rasse," gestrichen und hinter dem Wort „Einstellung" die Wörter „sowie jede rassistische Behandlung" eingefügt.

17 Die vorherige Formulierung in § 78 Absatz 3 Satz 4 „…nur mit ihrer Zustimmung zugänglich gemacht werden." wurde durch Artikel 2 Nummer 1 des Gesetzes zur Änderung dienstrechtlicher Vorschriften zur Anpassung an die Datenschutz-Grundverordnung vom 18. Mai 2018 (HmbGVBl. S. 179, 181) geändert in „…nur mit ihrer Einwilligung zugänglich gemacht werden."

18 Die vorherige Formulierung in § 78 Absatz 4 Satz 1 „…nur mit Zustimmung der oder des Angehörigen des öffentlichen Dienstes…" wurde durch Artikel 2 Nummer 1 des Gesetzes zur Änderung dienstrechtlicher Vorschriften zur Anpassung an die Datenschutz-Grundverordnung vom 18. Mai 2018 (HmbGVBl. S. 179, 181) geändert in „…nur mit Einwilligung der oder des Angehörigen des öffentlichen Dienstes…"

19 In § 80 Absatz 6 Satz 4 wurden durch Artikel 3 Nummer 6 des Dreizehnten Gesetzes zur Änderung dienstrechtlicher Vorschriften vom 19. November 2024 (HmbGVBl. S. 594, 599) hinter dem Wort „schriftlich" die Wörter „oder in Textform" eingefügt.

20 In § 81 Absatz 1 Sätze 1 und 2 wurden durch Artikel 3 Nummer 7.1 des Dreizehnten Gesetzes zur Änderung dienstrechtlicher Vorschriften vom 19. November 2024 (HmbGVBl. S. 594, 599) jeweils hinter dem Wort „schriftlich" die Wörter „oder in Textform" eingefügt.

21 In § 81 Absatz 2 wurden durch Artikel 3 Nummer 7.2 des Dreizehnten Gesetzes zur Änderung dienstrechtlicher Vorschriften vom 19. November 2024 (HmbGVBl. S. 594, 599) folgende Sätze 7 und 8 angefügt: „Die oder der Vorsitzende kann festlegen, dass die Sitzung vollständig oder unter Zuschaltung einzelner Mitglieder der Schlichtungsstelle mittels Video- oder Telefonkonferenz durchgeführt wird, sofern kein Mitglied Einwendungen erhebt. § 36 Absatz 3 Satz 2 Nummern 1 und 2 sowie Satz 3 gilt entsprechend."

22 In § 81 Absatz 3 wurde die Textstelle „der oder dem Hamburgischen Beauftragten für Datenschutz und Informationsfreiheit" eingefügt durch Artikel 5 Nummer 2 des Gesetzes zur weiteren Stärkung der Unabhängigkeit des Hamburgischen Beauftragten für Datenschutz und Informationsfreiheit vom 20. Dezember 2016 (HmbGVBl. S. 570, 572)

23 § 81 Absatz 4 erhielt durch Artikel 3 Nummer 7.3 des Dreizehnten Gesetzes zur Änderung dienstrechtlicher Vorschriften vom 19. November 2024 (HmbGVBl. S.

594, 599) anstelle: „(4) Das Ergebnis der Schlichtungsverhandlung ist schriftlich abzufassen, von der oder dem Vorsitzenden zu unterzeichnen und den Beteiligten bekannt zu geben." folgende Fassung: „(4) Das Ergebnis der Schlichtungsverhandlung ist durch die Vorsitzende oder den Vorsitzenden schriftlich oder in Textform festzustellen und den Beteiligten bekannt zu geben."

24 In § 82 Absatz 1 Satz 1 wurden durch Artikel 3 Nummer 8.1 des Dreizehnten Gesetzes zur Änderung dienstrechtlicher Vorschriften vom 19. November 2024 (HmbGVBl. S. 594, 599) hinter dem Wort „schriftlich" die Wörter „oder in Textform" eingefügt.

25 In § 82 Absatz 3 Satz 3 wurden durch Artikel 3 Nummer 8.2.1 des Dreizehnten Gesetzes zur Änderung dienstrechtlicher Vorschriften vom 19. November 2024 (HmbGVBl. S. 594, 599) hinter den Wörtern „schriftliche Äußerung" die Wörter „oder eine Äußerung in Textform" eingefügt.

26 An § 82 Absatz 3 wurden durch Artikel 3 Nummer 8.2.2 des Dreizehnten Gesetzes zur Änderung dienstrechtlicher Vorschriften vom 19. November 2024 (HmbGVBl. S. 594, 599) folgende Sätze 6 und 7 angefügt: „Die oder der Vorsitzende kann festlegen, dass die Sitzung vollständig oder unter Zuschaltung einzelner Beisitzer mittels Video- oder Telefonkonferenz durchgeführt werden kann, sofern kein Mitglied Einwendungen erhebt. § 36 Absatz 3 Satz 2 Nummern 1 und 2 sowie Satz 3 gilt entsprechend."

27 In § 82 Absatz 5 wurde durch Artikel 3 Nummer 8.3 des Dreizehnten Gesetzes zur Änderung dienstrechtlicher Vorschriften vom 19. November 2024 (HmbGVBl. S. 594, 599) die ursprüngliche Fassung des Satz 1: „Der Beschluss der Einigungsstelle ist schriftlich abzufassen, zu begründen und von der oder dem Vorsitzenden zu unterzeichnen." geändert in: „Der Beschluss der Einigungsstelle ist durch die Vorsitzende oder den Vorsitzenden schriftlich oder in Textform festzustellen und zu begründen."

28 In § 82 Absatz 6 wurde durch Artikel 3 Nummer 8.4 des Dreizehnten Gesetzes zur Änderung dienstrechtlicher Vorschriften vom 19. November 2024 (HmbGVBl. S. 594, 599) die ursprüngliche Fassung des Satz 5: „Die endgültige Entscheidung ist schriftlich abzufassen und zu begründen sowie den Beteiligten bekannt zu geben." geändert in: „Die endgültige Entscheidung ist zu begründen und den Beteiligten schriftlich oder in Textform bekannt zu geben."

29 In § 82 Absatz 8 Satz 1 wurde durch Artikel 5 Nummer 3 des Gesetzes zur weiteren Stärkung der Unabhängigkeit des Hamburgischen Beauftragten für Datenschutz und Informationsfreiheit vom 20. Dezember 2016 (HmbGVBl. S. 570, 572) der Punkt am Ende durch ein Komma ersetzt und folgende Textstelle angefügt: „„ im Bereich der oder des Hamburgischen Beauftragten für Datenschutz und Informationsfreiheit entscheidet diese oder dieser an Stelle des Senats"

30   In § 84 Absatz 2 Satz 1 wurden durch Artikel 3 Nummer 9 des Dreizehnten Gesetzes zur Änderung dienstrechtlicher Vorschriften vom 19. November 2024 (HmbGVBl. S. 594, 599) hinter dem Wort „schriftlich" die Wörter „oder in Textform" und hinter dem Wort „unterzeichnet" die Wörter „oder in Textform gebilligt" eingefügt.

31   In § 88 Absatz 1 wurden in Nummer 12 Buchstabe b durch Artikel 3 Nummer 10.1.1 des Dreizehnten Gesetzes zur Änderung dienstrechtlicher Vorschriften vom 19. November 2024 (HmbGVBl. S. 594, 599) hinter den Wörtern „Teilzeitbeschäftigung und Beurlaubung" die Wörter „für Tarifbeschäftigte" eingefügt.

32   § 88 Absatz 1 Nummer 22, die ursprünglich lautete: „22. Erlass einer Disziplinarverfügung und Ausspruch einer schriftlichen Missbilligung," erhielt durch Artikel 3 Nummer 2.1 des Gesetzes zur Änderung disziplinarrechtlicher Vorschriften vom 22. Januar 2025 (HmbGVBl. S. 166, 173) folgende Fassung: „22. Erlass einer Disziplinarverfügung durch eine Dienstvorgesetzte oder einen Dienstvorgesetzten oder Ausspruch einer schriftlichen Missbilligung,".

33   § 88 Absatz 1 Nummer 22a wurde eingefügt durch Artikel 3 Nummer 2.2 des Gesetzes zur Änderung disziplinarrechtlicher Vorschriften vom 22. Januar 2025 (HmbGVBl. S. 166, 173) und lautet: „22a. Vorlage eines Disziplinarvorgangs bei der obersten Dienstbehörde oder der für Entlassungen zuständigen Stelle gemäß § 31 Satz 1 des Hamburgischen Disziplinargesetzes (HmbDG) vom 18. Februar 2004 (HmbGVBl. S. 69), zuletzt geändert am 22. Januar 2025 (HmbGVBl. S. 166), in der jeweils geltenden Fassung,".

34   § 88 Absatz 1 Nummer 22b wurde eingefügt durch Artikel 3 Nummer 2.2 des Gesetzes zur Änderung disziplinarrechtlicher Vorschriften vom 22. Januar 2025 (HmbGVBl. S. 166, 173) und lautet: „22b. Erlass einer Disziplinarverfügung durch die oberste Dienstbehörde oder der für Entlassungen zuständigen Stelle, die nicht auf einer Vorlage nach § 31 Satz 1 HmbDG beruht,".

35   § 88 Absatz 1 Nummer 24, die vormals lautete: „24. Erlass von Beurteilungsrichtlinien," erhielt durch Artikel 3 Nummer 10.1.2 des Dreizehnten Gesetzes zur Änderung dienstrechtlicher Vorschriften vom 19. November 2024 (HmbGVBl. S. 594, 599) folgende Fassung: „24. Erlass von Beurteilungsrichtlinien für Arbeitnehmerinnen und Arbeitnehmer, soweit sie von den für Beamtinnen und Beamten geltenden Regelungen abweichen,".

36   In § 88 Absatz 4 Satz 3 wurden durch Artikel 3 Nummer 10.2 des Dreizehnten Gesetzes zur Änderung dienstrechtlicher Vorschriften vom 19. November 2024 (HmbGVBl. S. 594, 599) hinter dem Wort „schriftlich" die Wörter „oder in Textform" eingefügt.

37   § 89 Absatz 1, der vormals lautete: „§ 88 Absatz 1 Nummern 1 bis 27 und Absatz 4 gilt für die Angehörigen des öffentlichen Dienstes, die nach § 8 für die Dienststelle

handeln oder zu selbstständigen Entscheidungen in Angelegenheiten der Dienststelle im Sinne des § 88 Absatz 1 Nummern 1 bis 27 und Absatz 4 befugt sind, nur auf ihren Antrag; die Dienststelle hat die Betroffen rechtzeitig vor Erlass der Maßnahme über ihr Antragsrecht zu informieren." erhielt durch Artikel 6 Nummer 2.1 des Zwölften Gesetzes zur Änderung dienstrechtlicher Vorschriften vom 19. Dezember 2019 (HmbGVBl. 527, 530) die Fassung: „ ¹ § 88 Absatz 1 Nummern 1 bis 24, 26, 27 und Absatz 4 gilt für die Angehörigen des öffentlichen Dienstes, die nach § 8 für die Dienststelle handeln oder zu selbstständigen Entscheidungen in Angelegenheiten der Dienststelle im Sinne des § 88 Absatz 1 Nummern 1 bis 27 und Absatz 4 befugt sind, nur auf ihren Antrag. ² Die Dienststelle hat die Betroffenen rechtzeitig vor Erlass der Maßnahme über ihr Antragsrecht zu informieren. ³ § 88 Absatz 1 Nummer 25 und Absatz 6 Satz 1 Nummer 1 gilt nicht."

38 In § 89 Absatz 2 wurde die Textstelle „und Absatz 4" durch Artikel 6 Nummer 2.2 des Zwölften Gesetzes zur Änderung dienstrechtlicher Vorschriften vom 19. Dezember 2019 (HmbGVBl. 527, 530) ersetzt durch: „, Absatz 4 und Absatz 6 Satz 1 Nummer 1"

39 Die vorherige Fassung des § 91 Absatz 5 Satz 1 „Die Dienststelle hat dem Personalrat ihre Dienstunfallberichte oder Unfallanzeigen und die Krankenstatistiken zur Kenntnisnahme vorzulegen sowie ihm Abschriften zu überlassen." wurde durch Artikel 2 Nummer 2 des Gesetzes zur Änderung dienstrechtlicher Vorschriften zur Anpassung an die Datenschutz-Grundverordnung vom 18. Mai 2018 (HmbGVBl. S. 179, 181) geändert in „Die Dienststelle hat dem Personalrat ihre Dienstunfallberichte oder Unfallanzeigen und die Krankenstatistiken zur Kenntnisnahme zu übermitteln sowie ihm Abschriften, Ablichtungen oder Ausdrucke zu überlassen."

40 In § 93 Absatz 1 Satz 1 wurden durch Artikel 3 Nummer 11.1 des Dreizehnten Gesetzes zur Änderung dienstrechtlicher Vorschriften vom 19. November 2024 (HmbGVBl. S. 594, 599) hinter dem Wort „Berufsverbände" die Wörter „schriftlich oder in Textform" eingefügt.

41 In § 93 Absatz 2 Satz 2 wurden durch Artikel 3 Nummer 11.2 des Dreizehnten Gesetzes zur Änderung dienstrechtlicher Vorschriften vom 19. November 2024 (HmbGVBl. S. 594, 599) hinter dem Wort „schriftlich" die Wörter „oder in Textform" eingefügt.

42 § 93 Absatz 3 wurde angefügt durch Artikel 5 Nummer 4 des Gesetzes zur weiteren Stärkung der Unabhängigkeit des Hamburgischen Beauftragten für Datenschutz und Informationsfreiheit vom 20. Dezember 2016 (HmbGVBl. S. 570, 572): „(3) Vereinbarungen nach den Absätzen 1 und 2 gelten für die Hamburgische Beauftragte oder den Hamburgischen Beauftragten für Datenschutz und Informationsfreiheit nur, wenn sie bzw. er dies für die Behörde angeordnet hat."

43 § 95 Nummer 3 angefügt durch Artikel 5 Nummer 5 des Gesetzes zur weiteren Stärkung der Unabhängigkeit des Hamburgischen Beauftragten für Datenschutz und

Informationsfreiheit vom 20. Dezember 2016 (HmbGVBl. S. 570, 572): „3. den Personalrat bei der oder dem Hamburgischen Beauftragten für Datenschutz und Informationsfreiheit, wenn keine Anordnung nach § 93 Absatz 3 erfolgt ist."

44 Die vorherige Fassung des § 96 Absatz 2 Satz 2 „Ihr sind die erforderlichen Unterlagen vorzulegen." wurde durch Artikel 2 Nummer 3 des Gesetzes zur Änderung dienstrechtlicher Vorschriften zur Anpassung an die Datenschutz-Grundverordnung vom 18. Mai 2018 (HmbGVBl. S. 179, 181) geändert in „Ihr sind die erforderlichen Unterlagen zu übermitteln."

45 In § 97 Nummer 1 wurde durch Artikel 5 Nummer 2 des Gesetzes zur Besoldungs- und Beamtenversorgungsanpassung 2022 und zur Aufhebung personalvertretungsrechtlicher Sonderregelungen vom 11. Oktober 2022 (HmbGVBl. S. 533, 535) die Textstelle „§ 36 Absatz 3" durch die Textstelle „§ 36 Absatz 4" ersetzt.

46 In § 98 Absatz 3 Satz 1 wurde durch Artikel 5 Nummer 3 des Gesetzes zur Besoldungs- und Beamtenversorgungsanpassung 2022 und zur Aufhebung personalvertretungsrechtlicher Sonderregelungen vom 11. Oktober 2022 (HmbGVBl. S. 533, 535) die Textstelle „§ 36 Absätze 3 und 4" durch die Textstelle „§ 36 Absätze 4 und 5" ersetzt.

47 § 105 (Übergangsvorschrift) wurde für bereits vor dem 1. April 2025 eingeleitete Disziplinarverfahren und die auf sie bezogenen gerichtlichen Verfahren eingefügt durch Artikel 3 Nummer 3 des Gesetzes zur Änderung disziplinarrechtlicher Vorschriften vom 22. Januar 2025 (HmbGVBl. S. 166, 173)